평범한
아이도
영재로
만드는

내 아이
두뇌
트레이닝

평범한 아이도 영재로 만드는
내 아이 두뇌 트레이닝

초판 1쇄 발행 2020년 3월 16일
초판 2쇄 발행 2021년 9월 24일

지은이 성호경

발행인 백유미 조영석
발행처 (주)라온아시아
주소 서울특별시 서초구 효령로 34길 4, 프린스효령빌딩 5F

등록 2016년 7월 5일 제 2016-000141호
전화 070-7600-8230 **팩스** 070-4754-2473

값 14,500원
ISBN 979-11-90233-71-2 (13370)

※ 라온북은 (주)라온아시아의 퍼스널 브랜드입니다.
※ 이 책은 저작권법에 따라 보호받는 저작물이므로 무단전재 및 복제를 금합니다.
※ 잘못된 책은 구입하신 서점에서 바꾸어 드립니다.

라온북은 독자 여러분의 소중한 원고를 기다리고 있습니다. (raonbook@raonasia.co.kr)

평범한
아이도
영재로
만드는

내 아이
두뇌
트레이닝

성호경 지음

RAON
BOOK

부모가 두뇌를 배워야
아이가 행복해진다

아들이 태어나면서 고민이 시작되었다. 내가 아들에게 해줘야 할 것들 중에 가장 중요한 것이 무엇일까? 부모는 자식에게 물려주고 싶은 것이 참 많다. 건강한 신체, 똑똑한 두뇌, 넉넉한 재산, 더불어 살아갈 수 있는 공감 능력까지……. 그 고민에 대해 내가 내린 답은 '똑똑하고 지혜로운 두뇌를 만들어주자'라는 것이었다. 모든 생각과 행동을 지배하고 조율하는 넓은 터의 두뇌를 갖게 하고 싶었다.

그때부터 시작한 두뇌 공부와 아이들과의 임상 생활이 올해로 28년이 되었다. 지금 운영 중인 '비비엘 스쿨(구 한국전뇌개발연구소)'을 거쳐 간 수만 명의 아이들 중에서 최연장자로는 UC버클리 공대 장학생과 제1회 부산영재고 졸업생이 있으며, 수많은 영재고 입학생과 지적 영재들이 있다. 반면, 좌뇌와 우뇌의 불균형으로 학습에 어려움을 겪고 있는 비언어성 학습장애나 집중력에 문제가 있는 아이들도 있다. 주의가 산만해서, 이해력이 현저히 떨어져서, 친구들과의 관계에 문제가 있어서 이유도 모른 채 추락하는 아이들을 지켜볼 때는 화가 나기도 하고 무력감도 느낀다. 이런 아이들 중 많은 수는 비정상이거나 주의력결핍 과잉행동장애라든가 학습장애와 같은 꼬리표가 붙는다. 또한 어떤 아이들은 신경을 안정시키거나 가라앉힌다는 온갖 약들을 막무가내로 복용해야 한다.

성적 위주의 사회 풍조 속에서 아이들의 지적 정체성은 오직 시험 성적으로 평가된다. 이제 암기와 데이터 분석 분야에서 기계가 인간을 능가하고 있는데도 단순 암기와 반복적인 학습 경험에서 답을 찾게 한다면, 똑같은 학원에 똑같은 양육 방식을 좇는다면, 자신이 주인이 되어 행복한 인생을 살아가는 아이로 만들 수 없다. 지식을 습득하는 것보다 사고를 자유롭게 하게 하여 개인의 창의력, 상상력, 자제력을 기르는 것이 더 중요하다. 그런 점에서 부모는 두뇌에 대해 배워야 한다.

뇌는 체중의 2퍼센트, 신문지 한 장 정도의 표면적, 한 되 정도의 부피밖에 되지 않지만, 무한한 능력과 복잡성이 있는 소우주다. 20세기가 전문가의 시대였다면 21세기는 통합의 시대다. 다시 말해서, 21세기는 좌뇌와 우뇌가 통합된 창의적 인간을 필요로 하는 시대다. 아이를 제대로 키우기 위해서는 부모가 뇌의 다양한 신경기능을 알고 좌뇌와 우뇌의 기능을 통합적으로 발달시켜 한쪽으로 치우치지 않게 두 뇌의 잠재력을 다 사용할 수 있도록 교육해야 한다.

하루는 24시간이고 1년은 사계절이다. 해 뜨는 시각이 있고 해 지는 시각은 정해져 있다. 물이 넘치기 위해서는 우선 차야 한다. 이처럼 자연은 자신만의 속도로 움직인다. 아이도 자연의 일부다. 그런 아이를 다른 아이와 비교하며 똑같이 하라고 몰아세우는 것은 아이를 부모의 생각과 틀에 가두는 것이다. 멀리 뛰려는 아이의 발목을 잡는 것과 같은 어리석은 행동이다. 부모는 아이의 기질과 성격을 제일 먼저 파악하고 개성을 살려줄 수 있어야 한다. 그 개성이 관심 분야로 이어져 세상 무엇과도 바꿀 수 없는 아이의 인생이 만들어지기 때문이다. 느린 아이를 자연스럽게 지켜봐야 한다. 떠밀기보다는 한 발짝

뒤로 물러서서, 멀찌감치 떨어져서 보는 지혜가 필요하다. 육아의 정답을 찾고 있는가? 정답은 바로 아이 안에 있다. 내 아이의 빛깔과 향기를 찾아주는 것이 바로 부모의 몫이다.

아이들은 우리의 미래를 이끌어갈 황금과 같은 자원이다. 모든 부모의 바람대로 우리 아이들이 진정으로 행복한 삶을 영위할 수 있도록 교육 임상가로 보낸 28년간의 경험을 이 책에 담고자 했다. 많은 분들이 지혜로운 두뇌 만들기의 안내서로 활용하기를 바란다. 프로그램 개발에서 이 책이 나올 때까지 묵묵히 물심양면 도와준 JM과 처음부터 끝까지 정신적 버팀목이 되어준 우리 아들 태정이에게 감사를 전하며 소중한 아이들을 믿고 맡겨주신 학부모님들에게도 무한한 고마움을 전한다.

성효경

1부　뇌, 아이의 미래를 결정한다

1장　아이의 두뇌에 집중하라

4차 산업혁명 이후 무슨 일이 일어날까?　　　　　　　　17

창의력은 우뇌에서 나온다　　　　　　　　28

공부만 잘하는 아이 vs 인생을 주도하는 아이　　　　　　　　40

뇌에 무지한 부모가 아이의 뇌를 망친다　　　　　　　　47

자기 조절력을 키우려면 전두엽을 강화하라　　　　　　　　53

뇌의 잠재력을 키우는 연령별 교육법　　　　　　　　57

뇌를 알면 사춘기도 행복하다　　　　　　　　68

• Contents •

2장 좌뇌의 사고력과
우뇌의 창의성을 갖춰라

잠자고 있는 창조성 깨우기   77

머리를 100퍼센트 사용하게 하라   85

암기식 교육보다 놀이 교구와 퍼즐 학습이 더 좋다   93

지능에 대한 오해 6가지   101

좌뇌와 우뇌 차이가 심할 때 나타나는 문제   109

우리 아이가 진짜 영재인가요?   119

관계 지능을 높여서 사회성을 키운다   127

브레인 시프트, 두뇌를 단련하기 위한 조건   133

2부 좌뇌와 우뇌를 통합 발달시키는 두뇌 훈련법

1장 아이의 뇌를 읽어라

뇌의 터전을 만들고 아이의 미래를 구상하라   141

주의력 조절 - 정신세계를 관리한다   147

기억 - 정보를 입력하고 출력한다   155

언어 - 듣기, 말하기, 읽기, 쓰기를 관장한다   163

순서정렬과 공간정렬 - 시간과 공간의 질서를 파악한다   170

운동 - 여러 가지 운동기능   178

고등 사고 - 생각하고 생각하고 또 생각한다   181

사회적 사고 - 친구를 잘 사귀는 아이 vs 못 사귀는 아이   196

아이마다 다 다르니 다르게 가르쳐라   209

2장 두뇌 훈련 놀이 115

감성(EQ)을 개발하는 심상력 놀이 11가지   221

연상력으로 창의성을 키우는 놀이 13가지   226

순발력을 키우는 직관력 놀이 10가지   231

오감을 이용한 감각력 키우는 놀이 13가지   236

도형 인식력을 키우는 놀이 5가지   241

공간 지각력을 키우는 놀이 12가지   245

형태 인식력을 키우는 패턴 놀이 13가지   250

표현력을 키우는 언어 놀이 10가지   255

수학적 사고력을 키우는 수학 놀이 11가지   260

논리력과 분석력을 키우는 놀이 17가지   265

| 참고문헌 | 273

| 부록 | 비비엘 스쿨 소개   274

1부

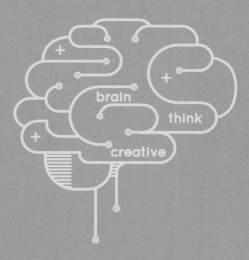

뇌, 아이의
미래를 결정한다

1장

아이의 두뇌에 집중하라

4차 산업혁명 이후
무슨 일이 일어날까?

4차 산업혁명이 뭐기에

"선생님, 4차 산업혁명이 뭔가요?"

수업에서 한 아이가 질문했다.

"글쎄, 얘들아, 4차 산업혁명이 무엇일까?"

나는 대답 대신 아이들에게 물었다. 그러자 아이들은 이렇게 대답했다.

"TV가 사람의 말소리를 알아들어요", "휴대폰으로 에어컨을 켜요", "운전자가 없어도 자동차가 가요" 등등의 대답이 나왔다.

4차 산업혁명이란 인공지능(AI), 사물인터넷(IoT), 로봇기술, 드론, 자율주행차, 가상현실(VR)의 첨단 정보통신기술이 경제·사회 전반에

융합되어 혁신적인 변화가 나타나는 차세대 산업혁명을 말한다. 지금 아이를 키우는 부모들이 학교에서 교육받던 시절에는 듣지도 보지도 못했던 생소한 분야다.

이미 4차 산업혁명이 무엇인지 알고 똑똑하게 대답하는 아이들과 달리, 부모들은 어떠한가? 어떤 교육관으로 아이들을 키우고 있는가? 여전히 우리 아이들에게 20세기와 비슷한 교육을 시키고 있는 것은 아닐까? 부모 자신이 해온 경험으로, 또는 옆집 부모의 경험으로 무작정 따라가기 식의 교육으로는 앞서가는 아이들을 지도할 수 없다. 그렇다면 아이들의 미래를 준비하기 위해 어떤 교육을 해야 할까?

미래를 준비하는 교육

미래에는 보다 빠르게, 보다 생산적으로 인간의 개입을 최소화하며 자동화 연결을 통해 다양한 정보 융합으로 더 좋은 지식과 서비스가 제공될 것이다. 《플랫폼 레볼루션(Platform Revolution)》의 저자 중 한 명인 상지트 폴 촌더리(Sangeet Paul Choudary)는 미래의 주인공은 플랫폼을 건설하거나 활용하는 자가 될 것이라고 했다. 로봇이 인간의 노동을 대신하는 미래를 대비하기 위해, 아이들은 로봇이 아닌 인간만이 할 수 있는 사고를 할 수 있도록 공부해야 한다. 자신이 플랫폼을 어떻게 활용하여 가치를 창출할 수 있는지 고민해야 하고, 보이는 것만 보지 말고 밑바닥의 플랫폼을 파악하도록 비판적 사고를 길러야 한다. 따라서 시험을 위해 책 속의 죽은 지식을 배우게 하는 것이 아니라, 격변하는 현실을 보는 통찰력을 길러줘야 한다. 그런 능력을 키우기 위한 밑바탕에는 아이들에게 실수를 허용하고 충분히 사색할 수 있는 시간과 공간을 제공하는 것이 전제되어야 한다.

세계의 명문 대학교들은 지원자의 성적뿐만 아니라 제출한 에세이로 입학 자격을 평가하거나 논술형 시험인 바칼로레아로 입학시험을 치른다. 이런 시험절차는 독서와 경험을 토대로 자신의 생각을 논리적으로 표현할 수 있는지, 자기만의 독창적이고 비판적인 생각을 할 수 있는지를 평가하기 위한 것이다. 바로 창의성을 요구하는 것이다. 평상시에 충분히 생각하고 쓰는 훈련을 해야 창의성을 발휘할 수 있다. 학원 숙제와 독후감 100권을 요구하는 양적 독서로는 어렵다.

몇 해 전 방송에 나온 서울대생의 참담한 고백은 우리나라의 잘못된 교육의 민낯을 그대로 드러냈다. A+ 점수를 받으려면 교수의 생각과 반대되는 주장을 적거나 자신의 비판적인 생각을 적어서는 안 된다는 말이었다. 대한민국 최고의 학부에서 독창성과 창의성을 키우는 것이 아니라 죽은 지식만 답습하는 것이다.

로봇과 경쟁해야 하는 극한의 노동경쟁 시대에서 암기 위주의 양적인 지식 교육으로는 더 이상 경쟁력이 없다. 스티브 잡스, 빌 게이츠, 마크 저커버그도 학력 파괴자들이다. 그들이 고졸이라고 문제 삼는 사람들은 아무도 없다. 그들은 미래를 보았고 생각을 구조화해 실천했고 살아남을 수 있는 생존 역량을 갖췄다. 10년, 20년 후 아이들이 세상의 주역이 되는 시점에는 기업에 소속되지 않는 프리랜서, 프리에이전트, 1인 기업가가 직원보다 더 많은 시대가 올 것이라고 미래학자들은 예측하고 있다.

아이들이 자라서 어떤 분야의 전문가가 되든 생존 역량을 갖추기 위해서는 스스로 하고자 하는 동기, 실패해도 좌절하지 않는 역경지수, 끝까지 해내는 인내력과 자신을 믿고 재도전할 수 있는 꽉 찬 자존감이 내재되어야 한다. 또한 미래는 멀티미디어 사회로, 더 이상 독불장군이 나 홀로 일을 추진할 수 없는 사회다. 즉 각자 전문 분야가 다른 사람들끼리 시스템으로 엮여서 발전하는 사회이므로 성장 과정에서부터 공동체적 윤리와 팀워크의 중요성을 깨달을 수 있도록 도와줘야 한다.

아이의 생존력을 키우는 5가지 키워드
인내심 – 부모의 확고한 태도가 인내심을 키운다

요즘 할인매장에 가면 계산도 하지 않은 음식을 먹고 있는 아이들을 흔히 볼 수 있다. 아이가 먹고 싶다고 조르는 통에 계산도 하지 않은 음식을 미리 꺼내준 것이다. 아이가 울면서 조르면 어떻게 대처할지 잘 모르거나 자신의 양육 방법에 확신이 없는 부모가 많다. 아이가 떼쓰면서 시끄러운 상황이 벌어지는 것을 보는 것보다는 절차를 지키지 않고 그 상황을 모면하는 것이 낫다고 생각하는 것이다.

장난감을 볼 때마다 사달라고 조르는 아이가 있다. 부모들은 비싸지 않다는 이유로 매번 아이가 원하는 것을 사주게 된다. 그 장난감을 갖게 된 아이는 얼마나 만족할까? 기껏 사달라고 졸라서 얻어낸 장난감이건만 아이는 하루, 아니 한 시간이면 흥미를 잃어버리기 일쑤다. 왜 그럴까? 그 장난감이 소중하지 않기 때문이다. 아이가 '갖고 싶다'고 조르는 것은 한순간의 감정일 때가 많다. 충동적으로 선택한 장난감이 소중할 리 없다. 그리고 부모를 졸라서 원하는 것을 가져본 아이들은 점점 더 조르는 아이가 될 뿐이다.

아이가 정말 갖고 싶어 한다면 생일이나 어린이날 등 특별한 날에 사준다는 원칙을 세운다. 그날까지 기다리게 해보자. 어린 시절 원하는 것을 얻기 위해 참고 기다린 경험이 있는 아이들은 물건의 소중함을 안다. 기다림이 반복되면서 아이는 자신의 욕구를 조절할 수 있게 되며, 세상 일이 자기 맘대로 되지 않는다는 것도 깨닫는다. 아이의 일시적인 요구를 즉각적으로 해결해주느라 무엇이 옳고 그른지를 잊어서는 안 된다. 아이에게 되는 것과 안 되는 것을 분명히 하고 일관된 태도를 보이는 것은 아이에게 인내심을 가르치는 출발점이다.

자신감 – 부모의 인내심은 아이의 자신감과 비례한다

요즘 아이들이 유난히 말을 듣지 않아서 잔소리를 많이 하게 된다고 한다. 하지만 자세히 살펴보면 그 상황이 벌어지는 데는 분명한 이유가 있다. 엄마가 여러 번 말해도 말을 듣지 않는 아이는 자신이 하지 않아도 엄마가 대충 넘어갈 것을, 엄마가 자신의 일을 대신해줄 것을 이미 알고 있다. 조바심 치며 잔소리하는 엄마와 달리, 아이는 자신의 행동에 문제를 느끼지 않는다. '안 하고 버티면 결국 엄마가 해준다'는 사실을 알아버린 아이에게 스스로 해야 하는 일은 번거로울

뿐이다.

아이가 엄마의 말을 귓등으로 듣고 흘려버리는 가장 큰 이유는, 자신의 행동을 책임질 기회 없이 자랐다는 데 있다. "어른에게 그러면 못써. 말을 듣지 않으면 다시는 장난감을 안 사 줄 거야"라고 말을 해도 아이가 아랑곳하지 않는다면, 실제로는 장난감을 안 사주는 일이 없다는 것을 이미 알고 있고, 혹시 무슨 일이 생겨도 어찌어찌 해결되었던 경험이 있기 때문이다.

진정으로 아이를 사랑한다면 아이의 일을 대신하면 안 된다. 아이 스스로 도전하게 해야 한다. 예를 들어 아주 어릴 때는 음식을 흘려도 좋으니 혼자서 먹게 하고, 옷을 벗으면 스스로 빨래 바구니에 넣게 한다. 아침에 일어나면 세수하기, 간식을 먹을 때는 한자리에 앉아서 먹기 등 아주 일상적인 일에서 시작해보자. 어려서부터 당연히 해야 할 일을 아이의 '습관'으로 만들어야 한다. 그러면 엄마가 잔소리할 일도 많이 줄어든다. 처음에는 서툴고 잘못하고 실패할 수도 있다. 오히려 엄마의 일거리를 더 만들지도 모른다. 그래도 기다리는 마음을 가져야 한다. 아이 스스로 해보게 하고, 아이 스스로 한 일에 대해 칭찬을 해야 한다. 이것이 바로 습관 들이기의 첫걸음이다.

스스로 할 수 있는 습관이 많아질수록 아이는 '의존'이라는 유아적 틀에서 서서히 벗어난다. 아이가 스스로 할 때까지 부모가 인내심을 가지고 지켜보고, 아이의 행동에 책임을 묻는 것은 아이를 보다 주체적인 인간으로 만든다. 그런 경험이 쌓이면 아이는 세상에 대한 자신감을 얻는다. 공부할 때도 제대로 못하거나 틀렸을지라도 바로 지적

하여 고쳐주거나 가르치지 말고 다시 한 번 검토할 기회를 줘서 직접 해결하도록 해야 한다. 스스로 해결했을 때의 기쁨을 아는 아이만이 자신감 있게 더 어렵고 힘든 일에 도전할 수 있다.

자립심 – 다투고 싸우도록 내버려둬라

유아기의 싸움은 자기주장의 싹이다. 다른 사람과 의견이 다를 수 있다는 것을 인식하고, 싸움을 통해 자신의 주장을 관철시키기도 하고 포기하기도 하면서 자신의 생각을 주장하는 법과 다른 사람의 의견을 받아들이는 방법을 배운다. 타인과의 의견 충돌을 어떤 형태로든 해결한 경험이 있는 아이는 다른 문제가 닥치더라도 스스로 해결책을 찾게 된다. 엄마가 인위적으로 아이들 싸움에 끼어들어 억지로 평화를 이끌어내는 것은 아무 도움도 되지 않는다.

아이가 장난감을 갖고 놀고 있는데 다른 아이가 다가와 자기도 장난감을 갖고 놀고 싶다고 말하는 상황을 가정해보자. 이 상황에서 엄마는 어떻게 해야 할까? 어떤 엄마는 아이에게 먼저 묻는다. "너, 그 장난감 이 아이에게 빌려줄래?" 아이가 "싫어" 하고 말하면 "얘가 싫다는구나. 그래서 빌려줄 수가 없네"라고 대응한다. 이것이 바로 아이의 기분을 존중하는 것이며, 아이 스스로 판단하고 행동하도록 가르치는 교육이다. 중간에 엄마가 끼어들어 "친구에게 장난감을 빌려줘야 착한 아이지. 얼른 빌려줘"라고 강요한다면, 아이가 또래 아이와 의견충돌이 일어났을 때 해결하는 방법을 터득할 기회는 사라지고 만다.

많은 부모들이 아이가 울거나 떼를 쓰면서 "싫어"라고 말하는 것과

정당한 자기주장의 "싫어"를 구분하지 못한다. 아이의 주장은 무시당하기 일쑤고, 심지어 '무조건' 또래들과 싸우지 않고 어울릴 것을 강요받는다. 입으로든 몸으로든 서로 싸우면서 문제를 해결하는 방법을 터득해야 하는데, 그런 기회는 좀처럼 오지 않는다.

부모는 아이가 말하는 '싫어'가 떼를 쓰는 것인지, 아이의 정당한 의견 표명인지 판단할 수 있어야 한다. 아이의 정당한 의사 표현일 경우에는 존중해야 한다. 부모가 자신의 의견을 존중하면, 아이는 자신의 생각을 신뢰하는 동시에 자신보다 강한 상대를 만나도 당당하게 '싫다'고 말할 수 있는 힘을 얻는다. 제 생각을 정직하게 표현하고 그에 대한 책임을 지는 가장 기초적인 형태의 '자립'을 이루어내는 것이다.

사회성 – 잘 먹고 잘 놀고 잘 자게 하라

부모와 아이의 스킨십도 중요하지만 성장기 아이들에게 생활 리듬은 중요한 문제다. 어른은 어른의 생활 리듬이, 아이는 아이의 생활 리듬이 있다. 아이가 어른의 시간대에서 생활하게 되면 몸에 이상이 생길 수 있다. 어른은 하루에 7~8시간만 자도 생활하는 데 충분한 에너지를 얻지만, 아이는 10시간 이상의 수면이 필요하기 때문이다.

밤에 늦게 잔 아이가 아침에 못 일어나는 것은 당연하니 기상 시간은 고무줄처럼 늘어날 수밖에 없다. 세 살 버릇 여든까지 간다는 속담처럼 아이의 야행성 습관은 평생의 생활 리듬에 영향을 미친다. 만 5세 정도만 되어도 생활 리듬이 몸에 배기 때문이다. 그런데 부자간에 정을 쌓아야 한다거나 스킨십이 필요하다는 구실로 5세 이전에 아이의 생활 리듬을 망가뜨리는 경우가 적지 않다. '올빼미형' 아이들 대부분은 수면 부족으로 수업에 집중하지 못하고 멍하게 앉아 있거나 반대로 신경질적인 반응을 보인다. 몸이 편안하지 않으니 친구들과 문제도 자주 일으킨다.

아이가 성장에 꼭 필요한 수면 시간을 채우지 못하고 일찍 자고 일찍 일어나는 생활 리듬에서 멀어질 경우 나타나는 문제는 사실 단순하지 않다. 뭐든지 자신이 하고 싶은 대로 해야 적성이 풀리는 '떼쟁이의 씨앗'이 마음에 뿌리내리게 되고, 일상 리듬이 부여하는 '생활의 건강'을 잃어버리기 때문이다.

아이의 소소한 습관부터 교육, 성장 발달까지 모든 것을 월등하게 만들려는 조급증 부모가 있는가 하면, 아이를 자유롭게 자기주장을 펼 수 있게 키우겠다는 방임형 부모들도 많다. 이런 부모들에게 과연 '자유로운 육아'란 무엇인지 물으면 대개의 경우 틀에 박힌 구속을 하지 않는 것이라고 대답한다. 세상의 틀에 아이를 맞추지 않고 아이가 원하는 방향으로 길을 틔워주겠다는 생각은 대단히 훌륭하다. 그러나 이런 부모들 중에는 한 가지 장점만 생각한 나머지 역효과에 대해서는 놓치는 경우가 많다. '자유'의 싹을 키우겠다는 의욕이 앞서 좋은 습관을 길러주는 데 소홀하기 때문이다.

아이다운 것도 좋지만 유아기에는 규칙적인 생활 습관을 만들어주는 것도 중요하다. 기본적인 생활 리듬에서 부모가 원칙을 포기하고 아이의 요구를 들어주는 순간, 아이는 살면서 꼭 지켜야 할 규칙에 대해서조차 무감각해질 수 있다. 결국 다른 사람의 말을 듣지 않고 제 생각만 고집하는 떼쟁이가 되기 쉽다. 부모가 아이에게 처음으로 가르쳐 줄 수 있는 사회성 교육은 바로 규칙의 중요성이다.

제시간에 자고 제시간에 일어나는 것, 제자리에 앉아 음식을 먹는 것 등 기본적인 생활 습관이 몸에 배어야만 다른 사람들과 건강하게 어울리는 방법을 자연스럽게 터득하게 된다. 세상에는 자신이 좋아 하지 않아도 지켜야 할 규칙들이 있으며, 그 규칙들이 다른 사람들과 함께 생활하는 데 가장 중요한 기반이 된다는 것을 인식시킬 필요가 있다.

분별력 – 맹목적인 이해와 사랑은 아이의 분별력을 빼앗는다

대부분의 엄마들은 아이를 사랑으로 대해야 한다는 강박관념에 사 로잡혀 있다. 아이가 원할 때마다 얼른 가서 안아주고 젖을 물리는 엄 마의 초스피드 반응이야말로 아이에게 생각할 시간과 주변을 둘러볼 기회를 주지 않는 '육아의 함정'이다. 아이를 위한다고 하는 모든 행위 가 결국 '세상 속의 나'가 아니라 '나를 위해 돌아가는 작은 세상'이라 는 편협한 사고를 심어주기 때문이다.

'차분히 앉아서 밥을 먹지 않는다', '먹을 것을 집어던진다', '싫어하 는 음식은 뱉는다', '먹을 것을 손으로 주무르기만 하고 거의 먹지 않 는다', '정리 정돈을 하지 않는다', '잘못하는 줄 알면서 일부러 더 한 다', '자기 맘대로 안 되면 난리를 친다' 등의 사례는 어찌 보면 당연한 결과일 수 있다. 일이 생길 때마다 엄마가 바로 바로 해결해주는 것에 익숙한 아이들은 제멋대로 행동하기 때문이다.

부모의 사랑이 아이를 세상을 제대로 이해하지도 못하고 타인에 대한 배려도 모르는 이기주의자로 키우고 있지는 않은지 생각해보자. 아이와 적당한 거리를 두고 가끔은 무덤덤하게 바라보는 것은 아이를 사랑하지 않기 때문이 아니다. 부모의 그늘에서 한걸음 벗어나서 아이가 다른 사람들의 행동을 보고 배울 수 있고 세상과 주변을 둘러보면서 유아적 사고방식에서 벗어나 좀 더 큰 세상을 생각할 수 있는 기회와 시간을 주기 위한 것이다. 내 아이가 보다 많은 사람들과 원만한 인간관계를 맺으며 살기 바란다면, 아이의 요구를 적당히 거절하는 부모가 되어야 한다.

Tip 내면의 힘을 기르는 몇 가지 방법

- 아이들에게 '바보 같은 놈', '미련한 놈', '네가 하는 짓이 그렇지 뭐' 등의 면박은 절대 주지 않는다. 자신의 모습을 긍정적으로 보지 못하는 아이는 내면적인 강인함을 가질 수 없다.
- 아이들이 흥미 있어 하는 일에 관심을 보인다.
- 자신의 신념과 주장을 잘 전달할 수 있도록 대화 능력과 사회성을 길러준다.
- 잘못했을 때는 그에 따른 결과는 스스로 책임져야 한다고 가르치고, 매번 부모가 나서서 챙기지 말자. 또 잘못했을 때는 사과하는 자세를 길러준다.
- 자신의 감정에 좀 더 솔직하라고 가르친다.
- 실패하는 것을 두려워하지 말고 실패에서 배우도록 가르친다.
- 아이들이 바람직하지 못한 행동을 하거나 문제를 일으킬 때는 나쁜 행동에 대해서는 꾸중을 할지라도 '여전히 사랑한다'는 것을 꼭 알려준다.
- 응급 상황이 아니라면 어떤 문제든 아이 스스로 풀어나가도록 유도한다.

창의력은
우뇌에서 나온다

뇌에 주목하라

미국의 저명한 심리학자인 데이비드 월시(David Walsh)는 "자녀 양육을 논하기 위해서는 뇌 과학을 알아야 한다"고 했다. 뇌 교육의 권위자 에릭 젠슨(Eric Jensen)은 학생들의 학업 성취 및 정서적 안정은 '뇌'와 직결되는 부분이라고 강조했다.

요즘 교육계는 '뇌'에 주목한다. 우리의 뇌는 연령과 성별, 개인에 따라 각기 다른 특성을 갖고 있으며, 뇌의 특성을 제대로 파악해야 그에 맞는 최적의 양육법과 교육법을 찾을 수 있다는 것이 뇌 교육의 핵심이다. 정서적인 측면을 위해서도 뇌 통합 접근은 유효하다. '왕따'와 학교 폭력, 성적 중압감으로 인한 자살 사건 등 청소년 문제가 급증하면서 그 대안으로 뇌 교육이 언급되고 있다. 뇌의 특성을 기반으로 최적의 '두뇌 환경'을 조성하면 학업적·정서적 성취를 이끌어낼 수 있다는 이야기다.

'마음'마저 뇌가 결정한다

대다수 부모님의 소망은 아이가 공부를 잘하는 것이다. 그래서 아이에게 잔소리하기도 하고, 억지로 붙잡아 앉혀 마구잡이 공부를 시키기도 한다. 아이가 원치 않는 학원에 강제로 등록시키거나 분발하도록 자극한다는 명목하에 이웃집의 공부 잘하는 아이와 비교하며 스트레스를 줄 때도 있다.

뇌 전문가들은 부모들의 이런 태도는 아이의 학습 능력을 크게 감퇴시킬 수 있다고 말한다. 뇌가 공부를 나쁜 감정으로 인식하면 학습 효과가 현저히 떨어지기 때문이다. 이쯤 되면, 아이의 학업을 위해서라도 '뇌'에 대해 진지하게 생각하지 않을 수 없다.

놀랍게도 학교 성적은 물론 얼굴 생김새나 체격, 성격까지도 역시 뇌에 의해 결정된다. 좋아 보이지 않았던 물건이라도 품절된 것을 알고 나면 욕심이 나고, 최고급 상품이라는 것을 알고 마시면 더 맛있게 느껴진다. 심지어 뇌와 상관없을 것 같은 '마음'마저 뇌의 작용이라는 뇌 과학 연구 결과가 나오면서 뇌가 교육계의 새로운 화두로 떠오르고 있다.

뇌는 후천적으로 발달한다

두뇌를 결정하는 요인이 선천적인 유전밖에 없다면 뇌를 발달시키기 위해 노력할 필요가 없다. 그러나 고맙게도 뇌는 후천적으로 발달한다. 그만큼 부모의 역할은 더 중요하다. 뇌의 움직임을 알면 우리 아이의 어떤 행동도 이해하고 대처할 수 있다. 물론 '뇌'에 대한 정확한 지식 없이 뇌 과학의 결과를 교육에 적용하는 것은 안 하느니만 못한 결과를 초래하기도 한다. 예를 들어 뇌 무게가 돌을 전후해 3세까지 크게 늘어나기 때문에 많은 부모들은 세 돌 전까지 최대한 자극을 줘서 뇌 기능을 발달시켜야 한다고 결론짓는다. 이 생각은 위험한 발상이다. 뇌의 양적 성장과 질적 성장은 엄연히 다르기 때문이다.

미국의 신경과학자 존 브루어(John Bruer)는 《생후 3년간의 신화(The Myth of the First Three Years: A New Understanding Of Early Brain Development And Lifelong Learning)》에서 뇌 발달 연구 결과를 왜곡하거나 과장해 상업적으로 악용하는 조기 영재 교육을 강하게 비판하면서 부모나 교사들이 냉철하게 판단해야 한다고 주장한 바 있다. 과도한 학습량과 선행학습은 지나친 자극이 될 뿐이다. 부모가 아이에게 줄 수 있는 최고의 선물은 바로 두뇌 친화적인 환경이다.

뇌의 능력을 최대치로 끌어올려 보다 생산적으로 사용할 수 있게 하는 교육 방법이 뇌 교육이라고 할 때, 뇌에 긍정적인 영향을 미치는 '두뇌 친화적 환경'은 무척 중요한 개념이다. 뇌의 기본적인 작동 원리를 아는 부모들은 아이의 뇌에 풍요로운 환경을 제공할 수 있다. 즉 충분한 영양 섭취, 정서적인 지원, 자유로우면서도 흥미로운 환경, 지속적이고 다양한 학습활동 등을 제공하는 것이다. 이러한 긍정적 경험이 긍정적인 뇌를 만든다.

학업 능력 역시 아이들의 감정이 긍정적인 상태일수록 극대화된다. 책상 앞에 앉아 있다고 해서 모두 다 공부할 준비가 되어 있는 것은 아니다. 아이들이 기분이 좋지 않은 상태에 있다면 억지로 책상에 앉힐 게 아니라 기분을 바꿔주는 것이 부모의 역할이다. 또한 아이의 주변 환경에서 뇌가 위축될 만한 위협을 제거하는 것도 중요하다. 여기서 위협이란 아이들을 위축시키는 망신감, 손가락질, 굴욕감, 냉소 등이다.

'뇌'는 아는 만큼 보이고, 보이는 만큼 활용이 가능하다. 인간이 기억하고 사고하고 문제를 파악하고 처리하는 과정 등을 담당하는 것이 바로 인간의 대뇌다. 이 대뇌는 크기나 모양이 같은 좌·우 대칭 형태로 나누어져 있으며, 뇌량이라는 신경섬유 다발로 연결되어 있다. 그런데 뇌 기능 분할론에 의하면 우뇌와 좌뇌의 기능이 다르다. 우뇌(오른쪽 대뇌)에서는 비언어적이고 시·공간적인 정보를 처리한다거나, 직관적, 확산적, 감각적 사고를 하는 두뇌 활동을 담당하고, 좌뇌(왼쪽 대뇌)에서는 언어적이고 수리적인 정보를 처리한다거나 논리적, 분석적, 수렴적 사고를 하는 두뇌 활동을 담당한다는 것이다.

이와 같이 좌뇌와 우뇌의 기능이 각기 다른데 창의적인 사고력과 같은 고차원적인 지적 활동을 위해서는 바로 좌뇌와 우뇌의 기능이 모두 필요하다. 실제 실험 연구 결과에서도 좌측 뇌 기능보다 우측 뇌 기능이 떨어지는 학생들에게 우측 뇌 기능 훈련을 실시한 결과 그들의 창의적인 문제 해결력이 향상되었음을 밝힌 바 있다(하종덕, 1992).

따라서 좌뇌와 우뇌가 균형을 이루도록 발달시킨다면 창의성을 개발시킬 수 있다.

현재 우리 환경에서는 좌뇌와 우뇌의 기능이 차지하는 비중이 다르다. 각종 학습 형태나 내용, 활동이 대부분 좌뇌 기능과 관련되어 있다. 그러다 보니 한쪽 뇌(좌뇌)만 발달되는 반쪽 두뇌 개발이 되고 만다. 그 같은 현상은 어렸을 때는 좌뇌와 우뇌가 거의 균형 잡힌 상태였다가 점점 자라면서 좌뇌가 더 우세해지는 것을 밝힌 연구 결과로 알 수 있다. 그런 점에서 우뇌 개발이 필요하다. 우뇌가 더 중요하다는 의미는 결코 아니다. 좌뇌와 우뇌 모두 중요하다는 것을 의미한다. 균형 잡힌 두뇌 발달을 위해서는 평소 좌뇌 위주의 환경에서 우뇌를 발달시킬 수 있는 활동을 강조할 필요가 있다.

창의력을 키우는 우뇌 발달 활동 에너지

좌뇌 활동 줄이기

수용적인 정신 상태에 도달하도록 돕는 훈련으로 하나의 중심점을 갖는 대칭 도형인 만다라(mandala)를 응시하는 활동이다. 만다라의 중심을 응시하는 동안 좌뇌 활동은 멈추고, 공간적 기능을 맡는 우뇌가 활동할 준비를 하게 된다.

이완 훈련

육체의 긴장을 풀게 해서 우뇌가 무의식적인 생각에 민감한 상태가 되도록 하는 활동이다. 신체의 각 부위에 의도적으로 힘을 주어 긴장시킨 후에 이완시키는 방법, 빛을 상상하며 이완시키는 방법, 상상 속의 인물로 하여금 이완시키도록 하는 방법 순으로 점점 심화시킨다.

상상하기

환상이나 꿈에서처럼 마음속으로 상을 그리도록 유도하는 활동이다. 숲속 산책하기, 원하는 좋은 장소를 선정하기, 고민거리에서 벗어나기, 동굴 탐험하기, 과거로 연결된 계단 내려가기 등의 방법이 있다.

과거 회상하기

어린 시절에 덮고 잤던 이불, 장난감 등 어린 시절에 대한 회상을 촉진하는 물건, 또는 당시에 맡았던 냄새 등을 되살림으로써 당시의 기분과 사건으로 돌아가 어떤 영감을 얻도록 하는 활동이다. 옛날에 살았던 집과 교실 회상, 어린 시절의 신발을 신고 산책하기, 성공이나 즐거웠던 시절로 돌아가기, 동굴벽화 관찰하기, 실패를 성공으로 바꾸기, 회상 촉진물 찾기 등의 방법이 있다.

왼손으로 쓰기

왼손을 사용하는 활동을 하면 우뇌가 활동하게 되어 무의식적인 생각이나 욕구 등을 도출하게 된다. 자신에 대해 표현하기, 목표 설정하기, 판단 보류하기, 걱정에서 벗어나기, 원하는 생활 형태로의 변화, 불편한 관계에 있는 사람에 대해 묘사하기 등의 활동이 있다.

감각 자극하기

새로운 감각으로 주변 세계를 느끼면서 맛보는 즐거움은 우뇌 활동을 활발히 자극한다. 이런 활동을 통해 시각, 청각, 미각, 후각, 촉각 전반을 느끼게 한 후에 한 감각씩 집중적으로 자극하게 한다.

공상하기

공상은 선입견의 장벽을 무너뜨리고 현재의 행동이나 미래의 행동 결과를 보여줌으로써 올바른 계획을 수립할 수 있게 한다. 공상을 통해 과거의 실패를 성공으로 변화시키는 상상을 하면 기분이 좋아질 뿐만 아니라 건설적인 생각을 할 수 있다. 또한 떠오른 아이디어에 대해 좌뇌의 분석적 판단에 맡기는 과정도 거치게 된다. 영상 활동을 비롯해 미래의 삶, 미지의 세계 여행, 소설 쓰기, 과거 수정, 우주여행에 대한 공상 활동 등의 방법이 있다.

꿈 활동

꿈은 우뇌 활동의 산물로 무의식이 표현되는 것이다. 꿈을 통해 전달되는 뜻을 알아내어 현실에서 직면한 상황에 적용하도록 한다. 세노이족(말레이시아 원주민 세노이족은 꿈을 긍정적으로 해몽하고 컨트롤하는 기술을 전수하는 것으로 유명하다)의 '꿈을 다루는 기법'도 활용하는데, 이 기법은 자신의 꿈에 나타난 적과 싸워 이기도록 함으로써 공포에서 벗어나고 승리감과 즐거움을 느끼게 하여 긍정적인 성취를 위한 기초를 마련한다. 세노이 기법 적용, 꿈 연출자와의 대화, 꿈에 나온 등장인물과의 대화, 꿈을 계획하기 등의 방법이 있다.

자유 연상

논리적인 연결 없이 일련의 생각들을 써 내려가는 활동으로, 좌뇌를 이완시키고 우뇌가 활동하게 되어 무의식이 표현되며 그 연상 내용 중에서 건설적으로 활용할 부분을 찾게 한다.

자기 긍정

긍정적인 생각과 느낌을 제공하는 활동이다. 자기 긍정문 세 개를 마음속으로 다짐하며 읽고 씀으로써 시각적 상상을 통해 긍정적인 자기 확신을 갖는 활동이다.

직관, 상상, 공감하는 능력이 중요하다

4차 산업혁명을 이끌어갈 21세기 인재는 좌뇌의 사고력 기반 위에서 우뇌의 창의성을 발휘하는 사람이다. 미래 산업과 교육 방향을 조망하는 포럼에 매년 참석해보면, 앞으로 20~30년 안에 AI가 현재의 직업 40퍼센트를 대체하고 젊은 세대의 70퍼센트는 자동화에 영향을 받을 것이라고 예측하고 있다. 지금은 시작 단계인 AI가 급속도로 발전해 논리적이고 분석적인 좌뇌가 담당하는 일을 인간보다 월등하게 잘해내면서 일자리는 점점 더 축소될 것이다.

우리는 우뇌로 상상하고 공감하고 직관적으로 생각한다. 이는 AI

가 할 수 없는 영역으로, AI 시대에 대비하기 위해서는 창의성을 비롯한 우뇌 역량을 길러야 한다. 두뇌는 코를 제외하고는 대각선으로 영향을 받는데, 대부분의 사람들은 오른손을 사용하고 하루 종일 언어로 말을 하며 학습마저도 좌뇌 식으로 주고받고 있다. 그러므로 우뇌를 개발하기 위한 특별한 학습이 필요하다. 기존의 STEM(과학, 기술, 공학, 수학) 교육은 기술 발전에는 크게 기여했지만 모두 좌뇌 역량만 기르는 데 집중된 교육이다.

우뇌의 역량과 창의성을 기를 수 있는 교육을 하기 위해서는 가장 먼저 실패를 두려워하지 않는 분위기를 만들어야 한다. 100점을 맞기 위해 최소한의 실수도 질타하는 학습 분위기로는 창의적인 시도를 할 수 없다. 실수를 해도 새로운 생각과 시도를 의미 있다고 인정하고 격려해야 꾸준히 도전하며 다양한 사고를 할 수 있다.

뇌 전체를 개발하자

보통의 사람들은 일생 동안 뇌의 잠재 능력을 10퍼센트도 채 활용하지 못한다고 한다. 따라서 각자가 노력하기에 따라 얼마든지 엄청난 일을 해낼 수 있는 능력이 인간의 뇌에 있는 것이다. 앞서 언급했듯이, 뇌는 모양이 같은 대칭 형태의 좌뇌와 우뇌로 구분되어 각기 다른 기능을 담당하고 있다. 즉 좌뇌는 언어적, 계열적, 시간적, 논리적, 분석적, 이성적 기능을 담당하고, 우뇌는 비언어적, 시공간적, 동시적, 형태적, 직관적, 종합적, 감성적 기능을 맡고 있다. 각기 다른 역할을 맡고 있는 좌뇌와 우뇌를 균형 있게 발달시키면 전뇌(whole brain) 개발을 할 수 있고, 결국 뛰어난 지적 능력과 창의적인 사고력을 기를 수 있다.

세계의 학교는 지금 뇌 교육에 주목한다

미국에서는 약 350개의 학교에서 교사 1만여 명이 뇌 교육 교사 연수를 마쳤다. 연수를 받은 교사들을 통해 약 3만 명의 학생, 학교장 및 학교 행정가, 학부모 등이 그룹에 따라 다양한 뇌 교육을 접했다. 미국에서 뇌 교육을 적용할 때 가장 중요하게 여기는 부분은 학생들을 가르칠 때 교사뿐만 아니라 학부모, 학교장 등 모든 사람이 함께해야 한다는 것이다. 한 명의 학생과 한 명의 교사가 뇌 교육을 알고 실천하고자 하더라도 주위 사람들과 함께하지 않으면 실천하기 어렵다는 점이 합의되었기 때문이다. 이러한 인식이 광범위하게 인정받을 정도로 미국에서는 뇌 교육을 학교 문화 전체에 적용하는 것을 매우 중요하게 간주한다.

미국에서는 수도인 워싱턴 D.C.와 뉴욕시를 비롯한 20여 개 시에서 '뇌 교육의 날'을 지정하고 있다. '뇌 교육의 도시'로 지정된 뉴멕시코주 산타페시는 미국 50개 주 중에서 고등학생 마약 복용률 1위, 청소년 사망률 3위, 청소년 출산율 2위, 고등학교 중퇴율이 65퍼센트에 달한 정도로 교육 및 청소년 문제로 고심하다가 뇌 교육 보급 이후 전학생 및 퇴학생 수와 범죄율이 현저하게 낮아졌다. 청소년들의 마약,

자살, 폭력 문제가 심각한 미국에서는 인성 함양을 뇌 교육의 주된 목표로 삼고 있다.

일본에서는 뇌 교육을 해보고 성과를 얻은 한 학부모가 자신의 딸이 다니는 학교에 제안하면서 시작되었다. 그 학교에서 뇌 교육이 성공하면서 인근의 네 개 학교에 추가적으로 도입되었고, 현재는 그 지역인 아이치현에 있는 학교의 3분이 1이 뇌 교육을 진행 중이다. 일본에서는 뇌 교육에 대한 학술적인 연구도 활발하게 이뤄지고 있는데, 심리학적 측면을 중점적으로 활용되는 경우가 많다. 아이치현에서 뇌 교육을 도입한 학교의 학생들은 자아존중감과 인간관계가 향상되었고, 실패에 대한 두려움이 낮아진 것으로 나타났다.

유럽에서 처음 뇌 교육이 보급된 독일은 급증하고 있는 수요를 따라가지 못해 뇌 교육 프로그램 강사 부족 현상이 빚어질 정도다. 독일의 노동부에서는 부족한 인력을 보충하고자 직업 교육의 일환으로 뇌 교육 트레이너 양성에 중점을 두고 있다. 독일에서 뇌 교육은 학업 성취도와 관련해 많이 발전했으며 수학, 언어, 과학 등 다른 공부를 학습하는 이유를 알려주고 동기를 유발하는 방향으로 진행된다.

성취력을 발휘하는 두뇌 기반 교육

에릭 젠슨은 전직 교사이자 뇌 과학을 교육에 접목시킨 두뇌 기반 교육법 전문가다. 1981년 미국 최대의 청소년 대상 뇌 기반 프로그램인 '슈퍼 캠프'를 공동 개발하여 현재는 뇌 기반 교육법을 세계에 알리는 일에 집중하고 있다. 두뇌 기반 교육법은 학생들이 더 높은 성취력을 발휘할 수 있도록 고안된 교수 원리로, 실제 연구 결과에 기반하고 있다. 그는 교육자가 학습의 주체인 '뇌'에 대해 관심을 갖는 일은 당연한 일이라고 강조하며, 학부모나 교사 등 아이를 상대하는 사람은 아이의 뇌가 움직일 준비가 될 때까지 기다려야 한다고 조언했다.

그는 최신 뇌 과학의 연구 결과에서 지금껏 교육에 쓰였던 여러 기법들이 사실상 우리 뇌의 작동기제와 맞지 않는 점들이 있음을 밝혀내기도 했다. 일례로 인간의 뇌는 한 가지 정답을 내도록 만들어져 있지 않다고 한다. 그 이유는 인간이 항상 새로운 답을 시도함으로써 진화의 폭풍우를 거쳐 생존해왔기 때문이다. 시험에 쓰이는 4지선다형 기법은 이런 면에서 뇌의 기능을 활성화하는 데 적합하지 않다고 볼 수 있다. 또한 자극 반응 메커니즘에 기반한 상벌제는 단순한 육체적 반응에는 효과가 있지만, 창조성이나 고차원적 인지 기능에는 오히려 악영향을 미칠 수 있다. 선택을 강요하거나 상벌제 등으로 유도하려고 조급하게 생각하지 말고, 아이 스스로 움직일 수 있도록 자연스럽게 동기를 부여하는 것이 중요하다.

Tip 전뇌 개발을 위한 몇 가지 방법

- 왼손을 사용한다.
- 긴장·이완 활동을 한다.
- 패턴 인식력을 높인다.
- 이미지를 활용한다.
- 오감을 연마한다.
- 우뇌 음악을 듣는다.
- 실패를 두려워하지 않는 분위기를 만든다.

공부만 잘하는 아이
vs 인생을 주도하는 아이

행복해야 잘 배운다

영국 로체스터 대학교의 에드워드 디치(Edward Deci)와 리처드 라이언(Richard Ryan) 교수는 자기 결정성 이론에서 사람은 가장 기본적인 심리 욕구인 자율성을 충족시켜야 진정한 행복을 느낄 수 있고 행복한 감정을 자주 느낄수록 두뇌가 균형적으로 발달하고 학업 성취도가 올라간다고 했다. 우리의 뇌는 이성적 판단을 하는 좌뇌와 감성을 다루는 우뇌로 구분되어 있다. 감성의 뇌가 행복감을 자주 느끼면 이성적 뇌도 더욱 활성화되면서 잘 발달할 수 있다. 대부분의 학습이 언어로 이루어져 있고 정답을 암기하는 좌뇌식 교육 현실에서 우뇌는 잠자고 있을 수밖에 없다. 좌뇌와 우뇌의 역량이 불균형을 이루면 뇌 기능의 저하를 일으킬 수 있으며 학습장애, 주의력결핍 과잉행동장애를 유발할 수도 있다.

초등학교 때부터 경시대회와 같은 단기 목표를 위해 문제 암기식의 선행학습을 하게 되면 기본기를 다질 시간을 주지 않을 뿐만 아니라 스스로 다양화 방법을 고안해내는 창의적 사고력을 크게 저하시킬 수 있다. 학습 기본기를 갖추지 못하고 깊이 사고하는 훈련이 안 된 아이를 다른 아이들의 선행학습 진도에 맞춰서 다그친다면, 학년이 올라갈수록 학습 의욕과 성과도 떨어진다. 또한 5학년까지 영어를 완성해야 한다는 속설에 따라 아이들은 7세부터 중학생 수준의 어휘 시험에 시달리기도 한다. 영어 학원의 한국어 금지령 때문에 화장실 가는 것을 참아서 강박적 증세를 보이는 아이들도 자주 볼 수 있다.

영어를 우뇌식으로 학습하면 어학 연수나 비싼 어학원을 다니지 않아도 잘할 수 있다. 집에서 영어 테이프를 틀어주고 재미있는 스토리북을 보게 하고 쉬운 내용의 영어 영화를 보여주며 많은 시간 동안 영어에 노출하게 하면 된다. 영어 문법의 경우 5학년 이후나 중학교 때 하도록 해도 된다. 기회가 되면 외국인과도 어울려 놀게 하는 것도 좋다. 영어를 즐겁게 습득할 수 있도록 충분히 노출시킨 후 대학교 때 교환학생으로 갔다 오는 것이 문화와 영어를 동시에 배우는 좋은 방법이다. 이렇게 학습은 즐겁게 할 수 있도록 유도하는 것이 중요하다.

교육의 목표는 단순히 지식을 알게 하는 것이 아니라 배움에 대한 흥미와 성취감을 맛보게 하는 데 있다. 유년 시절에 단계적으로 학습해 성취감을 맛본 아이는 성인이 되어서도 배움에 대한 두려움이 적다. 게다가 할 수 있다는 긍정적 경험을 하게 되면, 배우지 않은 것에도 도전하는 자신감과 끝까지 해내는 근성이 생긴다. 가장 최선의 학습 방법은 자신의 목표를 스스로 세우고, 자신에게 중요한 것이 무엇인지를 스스로 선택하게 하는 것이다. 이것이 자기 결정력의 근간인 자율성으로, 자신이 스스로 한 노력과 그 결과로 인해 행복감을 느끼게 되는 것이다.

긍정심리학자 마틴 셀리그먼(Martin Seligman) 교수는 행복감, 만족감, 성취감 등의 긍정적 정서는 두뇌를 발달시키는 것은 물론, 성장 후 성공 요인의 가장 중요한 지적 자산과 사회적 자산이 된다고 밝히고 있다. 뇌가 성장하는 결정적 시기에 강압적인 교육을 받으면 전전두엽의 발달을 저해할 뿐 아니라 두뇌 전체에 악영향을 끼친다. 스스로 생각하는 기회 없이 암기 중심의 주입식 교육을 많이 받다 보면 창의력이 저해될 뿐 아니라 충동성 제어에도 문제가 생길 수 있다.

아이에게는 자아존중감이 필요하다

아이가 행복해지기 위해서는 자기 자신을 아끼는 마음, '자아존중감'이 필요하다. 자아존중감은 '내가 나 스스로에 대해 얼마나 긍정적으로 생각하고 있느냐'는 것이다. 비슷한 말로 '자기애', '자기 확신' 등이 있는데, 그 뜻을 정의하면 '자신에 대해 느끼는 가치와 자신을 소중히 여기는 마음'이라 할 수 있다. 자아존중감이 높은 아이들은 스스로를 가치 있는 사람으로 여기며 소중히 생각한다. 자아존중감이 높은 아이는 스스로를 자랑스러워하며, 간혹 실수를 하더라도 스스로를 용서할 줄 아는 포용력이 있으며, 동시에 무엇이든 해낼 수 있다는 자기 확신이 있다. 원하는 것을 성취하는 과정에서 어려움을 겪더라도 기꺼이 이겨낼 수 있다고 믿고 있어서 항상 진취적이다. 아이가 행복하게 성장하기 위해 자아존중감은 꼭 갖춰야 할 덕목이다.

그렇다면 어떻게 해야 자아존중감이 높은 아이로 키울 수 있을까? 전문가들은 부모의 양육 태도에 따라 아이의 자아존중감이 높아지기도 하고 낮아지기도 한다고 말한다. 부모가 끊임없는 칭찬과 격려를 하면서 일관된 훈육을 하고 긍정적인 역할 모델이 된다면 아이의 자아존중감도 높아질 것이다.

부모가 꼭 알아야 할 4가지 행동 지침
자아존중감의 기초인 '자신감'을 키워라

자신감은 자아존중감을 키우는 밑바탕이 된다. 자신감을 키우기 위해서는 안정된 환경과 규칙적인 생활, 부모의 일관된 태도 및 관심이 필요하다. 외부 환경이 안정되면 아이는 내적인 안정감을 얻게 되고, 내적인 안정감은 시간이 지나면서 자신감으로 바뀐다.

- 아이에게 안정된 생활환경을 제공한다.
- 규칙적인 생활로 아이에게 안정감을 준다.
- 아이와의 약속을 잘 지킨다.

- 평소 행동 규칙을 일관성 있게 적용한다.
- 아이가 아프거나 다쳤을 때 충분한 애정을 보인다.
- 아이의 잘못된 행동에 대해 논리적이고 합당한 처벌을 한다.
- 아이가 무언가를 원할 때 안정적이고 믿음직한 태도로 반응한다.
- 평소 긴장을 풀 수 있도록 다양한 놀이 활동에 참여시킨다.
- 스트레스를 풀 수 있는 활동을 함께한다.

긍정적 자아를 갖게 한다

아이 스스로 자신이 소중하다는 사실을 깨닫게 하자. '나'는 세상에서 유일무이한 존재이며, 다른 사람으로부터 존중받아야 한다는 마음을 심어줘야 한다. 그러기 위해서는 먼저 아이 스스로 자신이 무엇을 잘하는지 알게 해야 한다. 부모는 아이의 모습을 있는 그대로 인정하고, 평소 아이의 감정과 욕구를 잘 파악해 대처하도록 한다.

- 아이와 친밀하고 애정 어린 관계를 만들고자 노력한다.
- 내 아이와 다른 아이들과의 차이점을 있는 그대로 인정한다.
- 아이의 입장을 이해하고자 노력한다.
- 아이가 어리지만 한 인격체로 정중하게 대한다.
- 평소 긍정적인 언어 표현을 한다.
- 아이의 장점, 재주, 능력을 충분히 파악해 자주 칭찬한다.
- 아이의 반응에 규칙적이면서 긍정적으로 반응한다.
- 아이가 자신의 욕구와 감정을 제대로 표현하도록 돕는다.

- 아이가 잘못했을 때는 아이의 잘못된 행동만을 꾸짖는다.

소속감을 느낄 때 자아존중감이 커진다

아이들은 집단에 소속되고, 다른 사람과 관계를 맺으면서 성장한다. 특히 단체생활을 하면서 사회 구성원으로서 소속감을 느끼고 인정받을 때, 자신이 사회에서 필요한 존재임을 실감하게 된다. 평소 아이 스스로 소속감을 가질 수 있는 기회를 많이 만들어주면 아이의 자아존중감이 높아질 것이다.

- 또래와 어울릴 수 있는 기회를 많이 만들어준다.
- 매일 한 가지씩 과제를 줘서 책임감을 갖도록 돕는다.
- 양보하는 방법을 가르친다.
- 가정은 소속감을 가장 먼저 익힐 수 있는 곳이므로, 가족 행사를 자주 만든다.

자신의 능력에 대해 자부심을 갖게 하라

자부심이 있는 아이는 무엇이든 적극적으로 한다. 아이가 무언가를 시도할 때는 자부심을 가질 수 있도록 의욕을 북돋아준다. 부모는 평소 아이의 능력과 발달 상태를 파악해 우리 아이에게 잘 맞는 활동을 제안하도록 한다.

- 결과보다 과정을 존중한다.

- 아이가 과거의 성공을 기억하도록 돕는다.
- 사고력 발달을 자극하는 즐거운 활동을 제안한다.
- 어떤 활동을 할 때는 자세히 설명한다.
- 아이의 능력에 맞는 현실적인 목표를 제안한다.
- 아이의 학습 속도를 존중한다.
- 독립심과 책임감을 기르게 한다.
- 아이가 실수를 인정하고 고칠 수 있도록 돕는다.
- 성과가 좋지 않더라도 스트레스를 받지 않도록 끊임없이 격려한다.
- 창의성을 발휘하도록 북돋아준다.

Tip 자아존중감 키우는 생활 속 실천법

- 칭찬할 때는 노력한 성과를 칭찬하며 여러 사람 앞에서 한다.
- 잘못된 행동을 꾸짖되 아이의 마음에 상처를 주지 않는다.
- 지시 사항은 구체적으로 다정하게 전달한다.
- 아이가 가장 원하는 것을 찾아주자.
- 형제자매나 다른 아이와 비교하지 말자.
- 아이의 의견을 존중한다.

뇌에 무지한 부모가
아이의 뇌를 망친다

뇌가 웃고, 뇌가 운다

우리가 웃거나 슬퍼하는 것은 뇌가 있기 때문이다. 생각하고 보고 듣고 말하는 것 역시 뇌가 맡아서 한다. 뇌가 있기 때문에 보기 싫은 것과 아름다운 것을 구분할 수 있고, 무엇이 유쾌하고 불쾌한지를 가려낼 수 있으며, 선과 악도 구분할 수 있다. 뇌는 그런 기능뿐만 아니라 침과 눈물이 나오게 하고, 몸의 각 부위를 움직이게 한다.

사람의 뇌는 모든 정신 및 몸의 최고 사령탑으로 사람이 만든 어느 기계보다도 복잡하고 신비스러운 기관이다. 두개골 안에 있는 뇌는 크게 대뇌, 소뇌, 뇌간으로 구성되어 있다. 대뇌는 뇌의 대부분을 차지하고 있다. 그 아래의 뒤쪽에 있는 것이 소뇌이며, 대뇌 아래로 이어지는 간뇌, 중뇌, 뇌교, 연수 등을 통틀어 뇌간이라 부른다.

사람의 뇌는 수천억 개의 뇌세포로 이루어져 있다. 이 중에서 사람이 느끼고 생각하는 일을 맡아 하는 뇌세포를 신경세포(뉴런)라고 하는데, 그 수는 약 140억 개 정도다. 뉴런의 구조는 핵을 포함하는 세포체와 나무줄기와 같은 수상돌기 및 축색돌기로 이루어져 있다.

대뇌생리학에서는 사람의 두뇌 활동을 뇌의 수초화 및 뇌세포 사이의 회로 이론으로 설명한다. 외부의 자극을 받는 대뇌피질의 세포는 자극에 대응하기 위해 신체의 어떤 부분에 명령을 내리고 이 명령은 신경섬유를 작동시켜 인체의 일정한 부위에 전달된다는 것이다.

갓난아기의 경우에는 이 신경섬유가 무질서한 상태로 있어서 하나의 전류가 다른 신경섬유에도 자극을 주어 온몸에 한꺼번에 전달되기도 한다. 그러나 장기간 반복적으로 같은 자극을 받는 훈련을 거치게 되면 이 전류에만 자극을 받는 신경섬유가 생기게 되는데, 이것을 '수초화(수초라는 덮개에 의해 둘러싸이는 과정)'라고 한다. 즉 수초화는 대뇌세포가 명령한 대로 움직이도록 전류가 다른 곳으로 누전되는 것을 막는 과정이다. 따라서 수초화는 대단히 중요한 뇌의 발육 과정이다.

수초화의 진행 속도는 뇌의 부위에 따라 다르다. 아이가 태어날 때는 수초가 없는 미숙한 신경조직으로 되어 있지만 2세에 70~80퍼센트, 8세에 90퍼센트 정도 형성된다. 남자는 20세에, 여자는 18~19세를 전후해서 거의 완성된다. 그런데 운동이나 감각을 담당하는 부분의 수초화는 빠르지만 의욕, 창조, 기억, 판단 등과 같은 고도의 정신 기능을 맡고 있는 수초화는 일생을 통해서 진행된다.

수초는 신경을 보호하고 있어서 영양분을 공급하는 역할 외에 지능 발달 측면에서 뉴런의 시냅스 형성과 더불어 중요한 기초가 된다. 지능의 발달이 수초화 형성 정도에 좌우되기 때문에 아무리 훌륭한 배선(신경섬유)이 있어도 수초화를 촉진시키지 않으면 보석을 갈고 닦지 않은 것과 같다. 뇌를 단련시키는 노력이 있어야 뇌의 기능이 향상된다. 외부 자극이 복잡해지고 다양해지면 세포 간의 연락망이 필요해진다. 이 연락망이 바로 신경회로다. 이 회로가 잘 만들어질수록 생각을 잘할 수 있으므로 신경회로의 발달 과정이 중요할 수밖에 없다.

대뇌

뇌의 대부분을 차지하는 대뇌는 호두와 비슷하게 생겼으며 오른쪽을 우뇌, 왼쪽을 좌뇌라고 한다. 우뇌는 감성적, 직관적, 비언어적, 시공간적 특징을 띠는 '이미지 뇌', 좌뇌는 논리적, 이성적, 언어적, 수리적, 분석적 특징을 띠는 '언어의 뇌'라고 한다. 이 두 개의 뇌는 뇌량이라는 신경섬유 다발로 연결되어 있는데, 뇌량은 좌우의 뇌를 연결하는 교량 구실을 한다. 대뇌를 잘라보면 바깥층은 호두알처럼 주름이 잡혀 있으며 2.5밀리미터 정도 두께의 회백색 부분이 대뇌피질(신피질)이다. 대뇌피질은 평면으로 펼쳐진 그 표면적이 약 2,500제곱센티미터나 된다. 뇌세포가 밀집되어 있으며, 사람이 살아가는 데 가장 기본이 되는 기능을 담당하고 있어서 뇌에서 가장 중요한 부위다.

대뇌피질 안쪽에는 백색의 신경섬유가 몰려 있는 백질(구피질)이 있다. 백질은 대뇌피질과 연결되어 신체의 각 부위로 명령을 전달하거

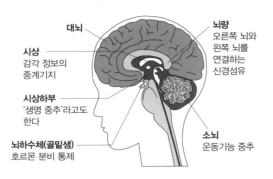

나 몸의 각 부위에서 오는 신호(자극)를 받아들인다. 신피질은 사람다운 감정이나 고도의 정신작용을 하며, 구피질은 식욕 등의 자기 유지 본능, 성욕 등의 종족 보존 본능, 무리를 형성하고자 하는 집단 본능 같은 기능이 있어서 본능적인 것에 작용을 한다.

소뇌

평형감각과 근육운동을 조절하는 역할을 하며 몸의 균형을 유지시키는 소뇌는 좌우 한 쌍으로 대뇌 아래에 있다. 중뇌는 안구 운동, 홍채 수축 등 눈에 관련된 기능과 호르몬 분비, 체온 조절, 식욕 조절 등의 기능을 담당한다.

뇌간

지각, 의식, 운동, 생명 유지에 중요한 역할을 하는 뇌간은 심장박동과 폐의 호흡을 조절하며 잠과 배설을 통제한다. 그래서 뇌간이 작동을 멈추면 '뇌사상태'가 된다. 뇌간에서 연속적으로 이어져 있는 척수는 운동신경과 감각신경, 자율신경이 지나가는 통로로 외부로부터 이들을 보호한다. 간뇌는 대뇌와 소뇌 사이에 위치하며, 간뇌의 약 4/5를 차지하는 시상은 감각 정보가 모이는 곳이다.

대뇌피질

대뇌 반구의 표면을 덮고 있는 회색질의 얇은 층으로 신경세포가 모여 있으며 감각을 종합하고 고도의 지적 기능을 담당한다. 자신의 정체성을 느끼게 하는 '사고'가 이루어지는 곳으로, 인간이 만물의 영장이라 자부할 수 있는 이유는 대뇌피질이 발달되었기 때문이다. 신경세포가 140억 개나 모여 있으며 표면에 굵직하게 나 있는 몇몇 홈을 기준으로 앞쪽은 전두엽, 뒤쪽은 후두엽, 양옆은 측두엽이다.

전두엽

창의적인 기능, 종합적 사고 기능이 가장 많이 몰려 있으며 대뇌피질에서 가장 중요한 지적인 기능을 담당한다. 어떤 상황에서 위험 여부를 결정하고 계획을 세우거나 결심을 하는 등의 목표 지향적인 행위를 주관한다. 전두엽이 손상되면 복잡한 행동, 아이디어를 구상하는 일이 불가능해질 뿐 아니라 새로운 환경에 적응하지 못하게 된다.

두정엽

머리 뒤쪽을 향해 내려가는 부위에 있으며 마루엽 또는 아인슈타인의 뇌라 불린다. 아인슈타인 뇌의 두정엽 부위가 다른 사람들보다 발달되어 있었기 때문이다. 입체 공간적인 상호 관계와 생각을 이해하는 데 중요한 역할을 한다. 외부에서 오는 정보를 조합하는 곳으로, 문자를 조합해 의미 있는 단어로 만들거나 생각한 것을 실제로 만들기 때문에 두정엽이 손상되면 공부는 물론 어떤 일도 할 수 없게 된다.

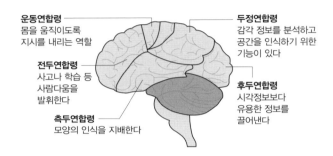

운동연합령
몸을 움직이도록
지시를 내리는 역할

전두연합령
사고나 학습 등
사람다움을
발휘한다

측두연합령
모양의 인식을 지배한다

두정연합령
감각 정보를 분석하고
공간을 인식하기 위한
기능이 있다

후두연합령
시각정보보다
유용한 정보를
끌어낸다

측두엽

머리의 양쪽 옆면에 위치하며 '청각피질'이라고 부르는 청각 조절 중추가 있으며, 인지기능과 기억 기능을 조절한다. 언어 중추도 있어서 언어를 받아들이고 이해한 후 다시 말로 표현할 수 있게 하는 것이 이 부위다. 측두엽이 손상되면 환각이나 기억장애가 일어날 수 있다.

후두엽

뇌 뒤쪽에 있으며 시각중추가 있어 '시각피질'이라고도 한다. 눈으로 받아들인 시각 정보가 이곳에 도달하면 모양, 위치, 운동 상태를 분석하며 사물을 바라보고 그것을 이해하도록 돕는다. 후두엽이 손상되면 시각 경로에 이상이 없다 하더라도 시각 장애인이 될 수 있다.

자기 조절력을 키우려면
전두엽을 강화하라

전전두엽은 두되의 사령탑이다

신체 부위의 움직임 조절, 과거에 대한 기억, 미래의 계획, 주의집중, 반성, 의사 결정, 문제 해결 등의 역할은 전두엽의 기능이다. 전두엽은 뇌의 앞쪽에 위치하고 있으며 그중에서도 머리 앞쪽에 위치한 전전두엽은 사고, 의욕, 창조, 감정 조절 등 인간이 다른 동물과 가장 분명하게 구별되는 정신활동을 관장한다.

전전두엽은 안쪽 면, 바깥 면, 아랫면으로 구성되어 있다. 안쪽 면은 의욕을 발산하는 동기 센터이며, 바깥 면은 계획 센터로 판단력과 기획력을 관장하며 아이디어를 떠올리는 독창 센터라고 불린다. 아랫면은 감정과 욕망을 억제하는 충동 억제 센터다. 이와 같이 세 개의 센터를 통해 전전두엽은 무엇인가를 판단하고 결정하는 역할을 할 뿐만 아니라 단기기억을 저장하는 작업 기억과 원초적인 감정에서부터 고등인지 기능까지 관여한다.

이런 다양한 역할과 기능을 토대로 전전두엽은 생각들을 구분하고 조율하며 비교 및 평가를 하여 행동을 통제한다. 두뇌의 사령탑인 전전두엽이 손상된 사람은 지능에는 이상이 없더라도 도덕성, 통찰력, 판단력에 문제가 생겨 성격이 변하고 자기 결정에 어려움을 느낀다. 전전두엽에 손상이 있거나 전두엽의 기능이 저하된 사람은 결정력의 부재 외에도 주의력결핍 과잉행동장애, 틱장애, 발달장애 증상을 보이기도 한다. 전전두엽의 충동을 조절하는 능력 때문에 전전두엽이 미성숙한 사람은 쉽게 흥분해 제어하기 힘든 상태가 되기도 하고 사회성이 부족할 수도 있다. 사회적으로 큰 논란을 일으키는 사이코패스의 경우 이 부위가 손상되었거나 잘 발달하지 못해서 잔인한 행동을 저질렀을 가능성이 제기되고 있다. 좌뇌와 우뇌의 언어성과 비언어성의 심한 차이가 있을 때도 이와 같은 현상을 보일 수 있다.

자기주도력의 열쇠 우뇌 교육

뇌세포와 뇌 부위가 유동적으로 변하는 것을 뇌 가소성이라고 한다. 뇌의 가소성이 왕성한 결정적 시기에는 단순 암기 교육보다는 실물 위주의 경험과 도구를 통한 다양한 사고 중심의 창의적인 교육이 중요하다. 이 창의적인 교육과정이 바로 우뇌 프로그램이다.

우뇌 교육 프로그램에서는 다양한 생각과 독창적 발상을 목표로 한다. 평소 접하지 못했던 다양한 교구나 주제를 가지고 여러 해결 방법을 생각하는 과정에서 일반적인 문제 해결 과정에 익숙해진다. 더 나아가 삶을 살면서 헤쳐나가야 할 문제를 다양한 방법을 통해 합리적이고 논리적으로 해결하는 데 도움이 된다. 또한 스스로 탐구하고 고뇌한 후 얻게 되는 성취감 및 자기주도적인 학습 의욕을 촉진하고 사고의 유연성을 높이며 창의력을 개발하는 데도 탁월한 효과가 있다.

우뇌 학습 프로그램은 교과목처럼 단원별 지식의 축적이 아니라 시각과 머릿속에서 이루어지는 지각이 손과 몸의 시각·지각 협응을 통해 통합적으로 발달하게 구성되어 있다. 직접 만지고 조작하는 과정에서 부분과 전체를 통합해보는 형태 식별, 도형 감각, 입체적 공간 지각력이 발달한다. 이렇게 학습하면, 수동적인 사고방식이 아닌 자기주도적인 사고방식을 정립할 수 있게 되며, 생각의 꼬리를 물고 더 많은 생각들을 하게 되므로 두뇌 발달에 좋은 영향을 준다. 특히 자기결정력의 핵심인 전전두엽을 발달시키는 데 탁월하며, 좌뇌와 우뇌의 통합적인 두뇌 발달에 효과적이다.

자율성을 키우려면 아이 스스로 결정하게 하라

아이에게 선택과 융통성을 발휘할 수 있는 기회를 줘야 한다. 부모가 스케줄을 전부 짜서 이곳저곳 다니는 쇼핑식 교육에서는 그런 기회를 잡기 힘들다. 아이가 꼭 받아야 하는 교육이라면 그 교육을 받아야 하는 이유와 한번 결정한 것은 끝까지 포기하지 말아야 한다는 점 등을 충분히 설명한 후에 스스로 결정을 하도록 해야 한다.

진정한 의미에서 자율성을 부여하기 위해서는 아이들 스스로 자신에 대해 할 수 있다는 긍정적 자신감을 갖게 하고 적절한 도전 의식을 심어줄 수 있어야 한다. 더불어, 자율성이 향상되고 있는지 점검을 받고 격려를 받을 수 있어야 한다. 어려움을 이기고 과제를 해결한 아이들은 행복감과 자신감이 더 늘면서 더 어려운 과제에 지속적으로 도전하게 된다.

'자기주도학습'이란 말이 대유행이다. 교육과학기술부에서 자기주도학습에서 강조하는 부문은 크게 자기주도학습 및 계획, 봉사·체험 활동, 독서 활동이다. 방학 동안 특강, 선행학습, 해외연수 등을 해도 좋지만, 아이가 스스로 공부 계획을 짜서 실천하는 것을 돕고, 아이와 함께 봉사와 체험 학습을 즐기며, 독서하는 분위기를 만들어주는 것은 어떨까? 평소 자기성찰과 탐색을 통해 삶의 목표를 정하고 실천하고 반성하는 태도도 습관화해야 한다. 길게 보면 성인이 되어서도 자기주도적인 삶을 살아가고 꾸준히 성장할 수 있는 잠재력을 만드는 과정이다. 자기주도학습자는 지금의 교육체제에서뿐만 아니라 자신의 인생에서도 성공할 가능성이 높다.

뇌의 잠재력을 키우는
연령별 교육법

뇌도 근육이다

"공부의 뇌가 다 발달하기까지는 최소 20년이 걸려요. 그런데 '10년으로 단축시키자'라고 닦달하면 뇌 발달에 오히려 해가 되지요. 아이의 뇌는 '공부의 뇌'뿐만 아니라 '감정의 뇌'도 같이 발달시켜야 뇌가서로 영향을 받으며 제 기능을 해요. 즉 기본적인 건강을 유지하면서 감정과 본능을 충족시키면 공부의 뇌가 자연스럽게 발달하는 거죠. 과도한 교육으로 '공부의 뇌'는 혹사당하는데 '감정과 본능의 뇌'는 자극이 없어 억눌려 있으면 아이들은 비정상적인 통로를 통해 감정적 충족감을 얻으려고 해요. 요즘 문제가 되고 있는 학교 폭력 등이 이런이유 때문이죠."

뇌 과학의 최고 권위자 서유헌 박사의 이야기다. 뇌는 근육과 같아서 꾸준한 훈련으로 발달된다. 지금까지 우리 교육은 뇌 발달 측면은 고려하지 않고 오직 조기교육이라는 명목하에 일찌감치 학습지와 선행학습 위주로 진행되었다. 조기교육에 열성적인 엄마일수록 아이의 뇌는 스펀지와 같아서 일찍 많은 양을 가르칠수록 더 잘 흡수한다고 생각하여 남들보다 늦을까 봐 조바심을 내어 경쟁하듯 학습을 시킨다. 3세가 되면 책상에 앉아 글을 배우는 아이들도 있다.

아이의 뇌는 성인의 뇌와 다르다. 전선이 엉성하거나 가늘게 연결되어 있는데 과도한 전류를 보내면 과부하 때문에 불이 날 수 있다. 마찬가지로, 뇌의 신경세포 회로가 다 자라지 않았는데 아이에게 과도하게 교육을 시키면 뇌 발달에 아주 큰 문제를 일으킬 수 있다. 종종 아이들이 보이는 강박증세나 틱장애, 수시로 화장실 가는 행동의 저변에는 과도한 학습으로 인한 원인이 숨어 있다고 생각한다.

영아기(만 0~3세)
뇌를 고르게 발달시키되 감정의 뇌를 키워라

뇌의 신경세포는 태어날 때 세포의 수가 가장 많고 만 3세가 될 때까지 일생에서 가장 활발하게 발달한다. 하지만 영아기에는 신경회로가 발달하지 않아서 두뇌 구조가 매우 엉성하다. 영아기에는 받아들이는 정보의 양이 매우 많아 뇌가 쉽게 지친다. 갓난아기들이 하루 종일 자는 것도 이런 이유다. 자는 동안 아기의 뇌세포는 휴식을 취하고 기억을 재정비하는데 이 과정에서 기억력이 강화된다.

책만 읽어주지 말고 오감을 충분히 자극하라

영아기 때는 고도의 정신활동을 담당하는 대뇌피질을 이루는 전 영역(전두엽, 두정엽, 후두엽)이 골고루 발달한다. 따라서 어느 한 부분의 뇌를 발달시키는 것이 아니라 모든 부분의 뇌가 골고루 발달하도록 학습하는 것이 바람직하다. 예를 들어 영아기에 책만 계속 읽어주거나 글자 카드나 숫자 카드만 지속적으로 보여주면 큰 효과를 보지 못한다. 만약 딸기에 대해 알려준다면, 딸기 그림책을 읽어주고, 직접 딸기를 보여주고(시각 자극), 만져서 느끼게 하고(촉각 자극), 냄새를 맡게 하고(후각 자극), 가지고 놀다가 문질러서 나는 소리를 듣게 하고(청각 자극), 맛을 보게 하면(미각 자극) 두뇌 발달에 효과적이다. 이때 중요한 것은 이런 오감 학습을 꾸준히 해야 한다는 것이다. 잠깐 지나가는 정보는 신경회로를 만들기는 하지만 금방 사라지기 때문이다. 신경회로가 튼튼하고 치밀해지려면 지속적으로 두뇌를 자극해야 장기기억으로 자리 잡을 수 있다.

감정의 뇌가 가장 빠르게 자란다

뇌에서 가장 넓은 면적을 차지하는 것이 손을 관장하는 부위이기 때문에 갓난아기 때부터 손으로 하는 놀이를 하게 하면 두뇌 발달에 도움이 된다. 15개월 무렵부터는 손가락 놀림이 정교해지는데, 좁은 틈이나 구멍에 물건을 넣을 수 있게 되면서 양손 사용에 익숙해진다. 18개월부터는 왼손이나 오른손 중에서 하나를 사용하는 것을 좋아하게 된다. 이때 대부분 오른손을 주로 쓰므로 왼손을 이용한 놀이를 자주 하게 해서 좌뇌와 우뇌를 골고루 발달시키는 것이 좋다.

아기는 기기 시작하면서 두 눈을 한 곳에 집중하는 법을 배운다. 시행착오를 겪어가며 가고자 하는 곳을 두 눈을 모아 집중해서 본 후에 기어간다. 이런 행동은 두뇌 발달에 중요한 영향을 줄 뿐만 아니라 두 팔과 두 다리의 균형을 맞추는 과정을 통해 좌뇌와 우뇌를 골고루 발달시킨다.

무엇보다 중요한 '감정의 뇌'는 2세 때까지 일생 중 가장 빠르고 예민하게 자라므로 부모와의 애착 경험이 무척 중요하다. 특히 피부는 뇌와 풍부한 신경회로로 연결되어 정보를 주고받기 때문에 아기와 같이 목욕하며 몸을 씻기거나 마사지를 하거나 머리 등을 자주 쓰다듬어주면 정서적 안정뿐만 아니라 두뇌 발달도 촉진시킬 수 있다.

손이 뇌에서 넓은 부위를 차지하는 만큼 입과 혀도 뇌에서 넓은 부위를 차지한다. 음식을 혀로 굴려 가며 씹어 먹고, 맛을 느끼는 과정 자체가 아이들 뇌 발달과 밀접한 관계가 있다. 패스트푸드나 인스턴트에 길들여진 아이는 씹기를 싫어한다. 그런 음식들은 재료를 모두 잘게 갈아서 만들어지기 때문에 굳이 씹지 않아도 잘 넘어간다. 이런 습관은 이유기에도 몸에 밸 수 있다. 이유식이 중요한 이유는 균형 잡힌 영양을 공급하는 것에도 있지만, 아이 스스로 숟가락으로 떠먹고 다양한 음식의 맛을 입과 혀로 느끼게 하는 데 있다. 탄수화물은 뇌세포에 에너지를 주고 단백질은 세포막과 신경전달물질을, 지방은 신경세포막의 형성을 돕는 역할을 한다. 따라서 3대 영양소를 골고루 섭취하게 하는 것이 건강에 좋고, 두뇌 발달에도 도움을 준다.

유아기 (만 3~6세)

종합적인 사고와 인성을 책임지는 전두엽에 주목하라

최근 연구에서는 유아기 때 전두엽이 집중적으로 발달한다는 결과가 많이 발표되고 있다. 전두엽은 동기부여를 통해 주의집중을 하게 해주고, 계획을 종합적·창의적으로 세운 후 그 계획에 따라 행동에 옮기게 하는 기능이 있다. 이런 기능을 발달시키려면 종합적인 학습을 해야 한다. 아이에게 책만 보게 하고 '바다는 무슨 색이야?', '바다에 사는 생물이 아닌 것은 뭐지?' 등의 질문에 대해 아이가 '파란색', '사자'라고만 대답한다면 주입식 교육 결과라고 볼 수 있다. '수영하는 곳', '배가 다니는 곳', '물이 많은 곳', '사자가 살지 않는 곳' 등으로 다양하게 대답할 수 있게 교육을 해야 한다. 또한 '하늘이 무슨 색일까?'라는 질문에 아이가 '기분이 나쁠 때는 검은 색', '엄마 닮은 핑크색'이라고 새로운 대답을 할 수 있도록 하나의 주제에서 다양한 관점을 볼 수 있도록 질문을 많이 하고 많은 것을 경험하게 해야 한다.

4~5세, 창의적 상상력이 절정인 시기로 직접 경험이 중요하다

창의적 상상의 발달이 절정을 이루는 4~5세 때는 부모가 재미있는 이야기를 최대한 많이 들려주는 것이 좋다. 이때 아이가 상식에 맞지 않는 말이나 엉뚱한 소리를 해도 혼내지 말아야 한다. 아이의 상상력에 대해 간섭이나 비판을 하면, 아이의 대뇌 신경회로는 순식간에 억제되고 사고의 흐름이 중단되어 표현력과 창의력이 꺾일 수 있다. 창의적인 생각을 하려면 많은 정보와 자극이 필요하다. 가장 강한 자극은 '직접 경험'이다. 동물에 대한 책을 읽혀서 알게 하는 것보다 동물원에 가서 직접 보고 생각하는 과정을 통해 뇌에 정보를 쌓게하는 것이 좋다. 직접 경험으로 쌓은 정보는 종합적인 사고력을 키우는 좋은 재료가 된다.

좋은 자극이 지속되면 뇌가 성장한다. 신경세포가 근육처럼 커지는데, 신경세포의 수상돌기가 성장하게 된다. 수상돌기는 다양한 경험자극에 의해 두터워지고 뇌를 더욱 커지게 한다. 자연의 신선한 공기가 뇌의 성장에 많은 도움이 되므로 산, 바다 등으로 가족끼리 여행을 자주 가는 것이 좋다.

놀이를 할 때도 완제품의 장난감보다는 종이, 풀, 폐품 등을 활용하여 새로운 장난감을 만들도록 하고, 같은 형태라도 다양한 방법이 나올 수 있는 나무 블록이나 전략적 사고나 다양한 생각을 할 수 있는 보드게임 등도 뇌 발달에 좋은 교재가 된다. 단, 게임을 할 때는 승부와 결과보다는 과정에 충실히 집중할 수 있도록 지도해야 하며 승패와 상관없이 받아들이는 자기 조절력도 꼭 지도해야 한다.

딱딱한 책보다 재미있는 이야기책을 읽어줄 때 양쪽 뇌가 더 활발하게 움직인다는 사실이 최근 밝혀졌다. '감정의 뇌'를 만족시키지 못한 채 '이성의 뇌'만 억지로 받아들이고 학습을 시키면 뇌 발달이 균형적으로 이루어지지 못하고 이해력도 떨어진다. 따라서 유아기에는 무조건 지식을 가르치려고 하는 대신 재미있게 이야기식으로 풀어가거나 이해하기 쉬운 예를 들어가며 흥미를 갖게 하고 주의를 집중하게 하는 것이 좋다. 또한 모국어의 발달이 충분하지 못한 상태에서 영어를 강제로 배우게 하면 사고력과 창의력까지 저해할 수 있다.

인성과 자신감을 갖춘 아이가 공부도 잘한다

전두엽은 종합적인 사고 기능 외에 인성과 도덕성, 때로는 종교성 등을 담당하므로 유아기에는 도덕성과 인성이 같이 발달한다. 유아기에는 단순한 암기 교육보다 철저한 예절교육과 인성교육에 중점을 둬야 한다. 이 시기에 버릇이나 습관이 집중적으로 발달해서 어른이 되어서도 영향을 미친다. 사회성도 발달하므로 남의 이야기에 귀를 기울여야 한다는 배려심을 가르쳐야 한다.

아이들이 공부를 잘못하거나 실수를 했을 때 그것을 약점으로 잡아 야단치면 아이는 '나는 머리가 나쁘다', '나는 할 수 있는 것이 없다'라고 생각하기 쉽고 매사에 소극적인 태도를 갖게 된다. 평가나 결과 위주로 아이를 다그치면, 새로운 것이나 안 해본 것에 대한 두려움으로 자신감을 많이 상실해서 도전하지 않게 된다. 뭔가 해보려는 시도 자체를 하지 않게 되면 은연중에 마음속으로 스스로를 비하하면서 스트레스를 받게 된다. 이럴 때 뇌에서는 정보의 흐름에 장애가 생긴다. 또한 실패했던 기억이 계속 되살아나 성취욕을 저하시켜 무기력하게 된다. 이런 경험을 반복하면서 성장하면, 평소에는 잘하다가도 큰 시험에서 실력을 발휘하지 못하는 사람이 될 수도 있다. 아이의 뇌 회로는 자신을 믿는 확고한 자신감이 있을 때 막힘 없이 조화롭게 움직인다.

이 시기에는 손으로 조작하며 성취감을 쉽게 느낄 수 있는 블록 교구나 퍼즐 등을 이용해서 몇 분간의 집중으로도 해냈다는 성취감을 느낄 수 있게 지도해야 한다. 20~30분간 집중한 결과로 얻게 된 성취감은 또 다른 도전 의식을 고취시키고 집중력을 길게 유지시키며 과제 인내력을 만들어준다.

아동기(만 6~12세)
언어기능과 과학적 사고가 빠르게 성장한다

초등학교에 들어갈 시기가 되면 언어기능과 청각 기능을 담당하는 측두엽과 수학 물리학적 사고를 담당하는 두정엽이 발달하기 때문에 이 시기에 아이들이 의사 표현을 제대로 하고 논리적으로 따지기 좋아하는 특성이 생긴다. 언어기능을 담당하는 측두엽은 비교적 늦은 나이인 7세 이후에나 발달하므로, 유치원 들어가기 전부터 한글 교육을 하면 뇌 과학적으로 볼 때는 효과가 적다. 한글 교육보다는 대화나 책 읽어주기 등을 통해 자연스럽게 익히는 정도가 좋다.

참고로 전두엽이 발달하는 유아기에 측두엽이 발달했을 때나 가능한 과도한 선행 교육을 시키면, 전두엽은 적절한 자극을 받지 못해 발달하지 못하고 측두엽은 준비가 안 된 상태에서 과잉 자극을 받아 손상을 입는다. 이 시기에는 이 점을 가장 조심해야 한다.

언어기능의 정확한 조율이 이뤄지는 7~16세 사이에는 조금만 자극을 주어도 쉽게 이해하므로 이 시기에 언어 교육을 하는 것이 좋다. 세계 명작과 같은 이야기 구성이 잘된 책 중심으로 꾸준하게 독서 활동을 하도록 하는 것이 효과적이다. 이때의 경험과 실력이 아이의 평생 국어 실력을 좌우하기 때문에 특별히 신경을 써야 한다.

과도한 영어 학습은 모국어 발달을 지연시킨다

뇌 과학자들은 이 시기는 언어중추가 완전히 성숙되지 않은 상태이므로 외국어를 강제로 배우게 하는 것은 좋지 않다고 조언한다. 외국어는 물론 모국어 발달도 지연시킬 수 있기 때문이다.

똑같은 내용을 강제로 단순 반복 암기시키면 뇌는 일부 회로만 자극을 받아 발달하므로 영어 테이프도 지나치게 틀어주면 오히려 해가 된다. 같은 글을 계속 읽어주면 아이는 책을 읽는 것처럼 말하게 되기 때문에 테이프를 통해 표현을 암기하도록 하지 말고 한두 번 들려줌으로써 영어에 대한 흥미를 키우게 하는 것이 좋다. 또한 똑같은 단어 카드나 플래시 카드를 보여주면 오감을 자극하지 못하고 정서적 교감을 이루지 못하므로 스트레스를 받아 정서 불안을 초래할 수도 있다.

암기 학습을 하면 당장에 효과가 나타날 수는 있지만 편협한 지식의 소유자로 성장할 수 있으므로 아동기의 영어 교육은 모국어로 논리적인 말하기, 쓰기가 자유롭게 될 때쯤 놀이를 통해 배우게 하는 것이 효과적이다.

아동기에는 수학 물리학적 기능을 담당하는 두정엽이 집중적으로 발달한다. 입체 공간적 인식 기능이 발달하기 때문에 수학과 물리학 등을 가르치면 아이들이 재미있어한다. 이 시기에 사칙연산 등 단순 계산이나 선행학습 위주의 문제를 풀게 하는 경우가 많은데, 이 방식은 뇌의 일부분만 쓰는 것이므로 두뇌 발달에 큰 효과를 주지 못한다.

충분한 시간을 갖고 여러 원리를 활용해보고 다양한 방법을 깊게 생각할 수 있는 문제를 주고 관찰이나 실험을 통해 풀도록 하면 뇌의 다양한 부분이 활성화된다. 퍼즐게임, 도형 맞추기, 주사위 굴려 사칙연산하기, 전략적 보드게임과 같은 활동은 연상과 추론이 필요한 놀이로, 두정엽은 물론 대뇌피질 부분이 광범위하게 동원되어 수학적 두뇌 발달에 도움이 된다.

이러한 놀이를 할 때도 제일 중요한 것은 아이 스스로 할 수 있게 동기를 유발하는 것이다. 스스로 놀이를 시작하면 긍정적인 동기와 하고자 하는 욕구로 감정 중추를 건드리는데, 이 감정 중추는 다시 옆에 붙어 있는 기억 중추를 자극하면서 결과적으로 기억력을 높이게 된다. 반면, 퍼즐을 강제적으로 시키거나 억지로 끝까지 하게 시키면 오히려 놀이에 흥미를 잃어 스트레스의 원인이 된다.

가족이 모여서 게임 형식으로 한다거나 친구들끼리 소그룹을 이뤄서 약간 경쟁적인 분위기에서 열심히 할 수 있는 환경을 만들어주는 것이 좋다. 여러 게임을 하는 것보다는 한 종류의 게임이라도 다양하고 깊게 생각해볼 수 있도록 지도하며, 끝까지 해냈을 때 격려와 칭찬으로 과제 인내력을 길러줘야 한다. 아이가 잘 못한다고 해서 과정이나 답을 가르쳐주면, 결과에 몰입하여 즐기는 높이는 불가능하다.

부모가 아이의 자신감을 키워주려는 생각에 매번 져주는 것도 지는 감정을 경험하고 또 다시 잘해보고자 하는 역경지수를 키울 수 있는 기회를 뺏는 것이다. 게임에서 질 때 자신의 감정을 추스르고 적절하게 행동하는 방법도 가르쳐야 한다.

충분한 수면이 창의성을 키운다

정보 전달 역할을 하는 신경전달물질은 아침에 많이 만들어졌다가 저녁이 되면 고갈 상태가 된다. 이때 휴식을 취하지 않고 계속 공부를 하면 대뇌 신경세포를 지치게 해서 집중력까지 떨어진다. 뇌의 피로를 막으려면 적정 수면시간을 지켜야 한다.

최근 연구 결과들을 보면 수면은 휴식을 줄 뿐 아니라 낮 동안의 정보를 재정비하며 기억을 장기화시키는 시간이다. 초등학생의 적정 수면시간은 적어도 8시간 이상이다. 잠자는 동안 서로 관련이 없는 정보들을 연결하거나 새로운 생각을 만들기도 하는데, 이것이 창의적 사고로 발전하기도 한다. 풀리지 않는 문제가 있다면 기본적인 내용을 충분히 숙지한 후에 자기 전에 계속 생각을 하면서 수면을 취하면 문제를 푸는 데 도움이 된다.

뇌를 알면 사춘기도 행복하다

특별한 사춘기의 뇌

우리의 뇌는 만 12~25세 사이에 뉴런과 시냅스가 정리되면서 대뇌 피질이 얇아지고 효율성은 훨씬 좋아진다. 이마엽을 연결하는 신경 조직은 더욱 탄탄해지고 변연계가 활발해진다. 사춘기 시절 학습과 성격 형성에 가장 중요한 역할을 하는 부위가 변연계다. 대개 학습은 기억력과 집중력에 좌우된다고 생각하지만, '정서의 뇌'인 변연계가 성숙되지 않으면 효율적으로 학습할 수 없다. 공부를 하려면 정서가 안정되고 사소한 감정에 휘둘리지 않아야 하며 긍정적인 태도를 가져야 한다. 그런 태도를 갖추는 데는 변연계가 작용한다.

사춘기에 두뇌가 잘 다듬어지기만 해도 아이들은 충동, 반항, 폭력,

감정 기복, 도덕성, 이기심, 이타심 등을 잘 조율하고 어떤 상황이든 지혜롭게 대처하는 성인으로 성장할 수 있다. 사춘기의 뇌는 아직 미숙하지만 성인의 뇌로 자리 잡아가는 적응기다. 부모가 아이 뇌의 변화를 모르고 공부만 강요하면 장기적으로 아이의 두뇌 능력을 떨어뜨리고 학습 능률을 저해하는 요인이 된다.

아이의 상황을 공감하고 부모의 감정을 전달하라

사춘기 시기는 자신이 스스로 느끼는 내적 동기가 큰 동력이 된다. 이때 청소년기의 특징인 편도체의 역할이 크다. 편도체는 대상이나 내용이 무엇이든 판단의 기준을 '네 편'과 '내 편'으로 나누는 특징이 있으므로, 아이와 이야기할 때는 '나는 네 편이다'라는 의식을 심어줘야 한다. 아이가 화가 나서 이성적으로 판단을 내리지 못하는 상황이라고 해도 우선 감정을 존중해주고 아이 편에서 말한다는 것을 느낄 수 있게 해야 한다.

아이에게 화가 났을 때는 화가 난 이유와 현재 상황에 대해 논리적으로 정리해서 설명한 후에 부모의 심정을 전달한다. 예를 들어 "네가 그런 행동을 해서 엄마는 화가 났고 마음이 아프다", "엄마가 걱정이 된다"라는 식으로 말하는 것이다. 아이가 부모의 감정을 이해하고 공감하면 아이는 스스로 적정 수준을 조정하고 새로운 대안을 제안하게 된다.

긍정적이고 바람직한 쾌감을 느끼게 하라

10대의 뇌가 무엇으로 쾌감을 느끼는지에 따라 성인이 되었을 때 뇌가 어떻게 완성될지 결정된다. 아이들이 쾌락에 탐닉하는 이유는 현재 상황이 충분히 즐겁지 않거나 행복하지 않기 때문이다. 행복하다는 생각이나 잘될 것이라는 믿음과 같은 긍정적인 사고는 신경회로의 형성과 신경전달물질의 분비를 원활하게 한다. 이는 쾌감을 느끼게 하는 도파민, 진통 효과가 있는 엔도르핀, 행복감을 느끼게 하는 세로토닌의 분비를 돕는다.

사춘기의 뇌는 성인의 뇌로 적응해가는 시기로, 이때 쾌감이나 게임, 음란물, 폭력, 돈 등 특정 경험의 쾌락에 익숙해지면 이후에 뇌는 더 많은 쾌감을 원하게 된다. 이런 욕구가 계속되다 보면 비이성적이고 충동적인 행동도 서슴지 않게 된다. 건강한 성인으로 성장하기 위해서는 긍정적인 쾌감을 느낄 수 있도록 해야 한다.

미술이나 음악 감상을 통해 정서를 풍부하게 하고, 영화 감상이나 독서를 통해서 타인의 감성에 공감하게 하거나 봉사 활동을 하면서 사회적 약자를 돕고 배려하며 보람을 느끼도록 하는 것이 좋다. 식물이나 동물을 기르면서 정서 교감이나 생명의 소중함을 체험하는 것도 좋다. 배낭여행이나 도보여행으로 힘든 여정을 극복하고 성취감을 맛보게 하는 것도 좋다.

다양한 경험을 통해 즐거운 경험이 잇따르다 보면 게임, 음란물 등이 없어도 재미있고 편안한 마음을 유지할 수 있다. 이런 경험을 통해 사춘기 뇌에 긍정적 사고로 확장된 새로운 신경망이 생성될 수 있고,

어른이 되었을 때 이성적인 사고, 판단력, 충동을 절제할 수 있는 자제력, 타인을 배려하는 공감 능력, 자신의 가치를 사랑할 수 있는 자존감 등으로 확장될 수 있다.

아들과 딸, 사춘기도 다르다

사춘기 여자아이의 보편적 정서는 섬세하면서도 예민하고 감정 기복이 심하며 변화무쌍하다. 또한 자신이 느낀 부정적 감정을 서슴지 않고 표현한다. 여자아이는 성장함에 따라 감정을 느끼고 말하는 것에 능숙해지며 대화를 할 때 부모가 공감해주는 것만으로도 안정감을 느낀다.

반면 남자아이는 7세든 17세든 감정을 처리하는 부위가 편도체에 머물러 있다. "무엇 때문에 화가 났니?"라고 묻는다면 사춘기 아들은 7세 때와 같이 "몰라. 그냥 싸웠어" 등 모른다거나 단답형으로 대답하는 경우가 대부분이다.

모험심과 경쟁심이 많은 남자아이는 주목하는 사람이 있으면 더 열심히 하고 과시하려고 한다. 그래서 종종 위험한 행동을 하기도 하는데 이를 제어하기 위해서는 사소한 일에도 관심을 갖고 칭찬을 해줘서 애써 주목받으려는 행동을 하지 않아도 관심을 받는다는 것을 느끼게 해줘야 한다.

이마엽을 자극하는 인성교육

사춘기 아이의 두뇌를 결정하는 것은 만 3세 이후부터 어떤 환경에서 어떤 자극과 정보를 받아들여 성장하는지에 달려 있다. 뇌 과학자들은 성숙한 사고력과 판단력을 기르기 시작하는 만 12~17세를 이마엽이 가장 폭발적으로 발달하는 시기로 본다.

이마엽은 도덕성이나 인간성을 좌우하는 곳이다. '나는 어떤 사람인가', '무엇을 잘하는 사람인가', '정말 하고 싶은 일은 무엇인가', '다른 사람과 나의 다른 점은 무엇인가' 등을 사고할 수 있는 것이 이마엽의 역할이다. 다른 사람들은 무엇을 원하고 어떤 것을 좋아하며 무슨 생각을 하고 있는지 등을 유추할 수도 있다. 그런 점에서 이마엽이 발달하는 이 시기에 옳고 그른 것, 규칙과 질서, 예절, 도덕, 친절, 배려 등과 같은 인성교육을 충분히 시켜야 한다. 아이의 평생 성격, 가치관, 기본 예절 원칙이 정립되기 때문이다.

이 시기에 이마엽과 관련된 신경회로가 활성화된 아이는 자신의 욕구를 적절히 자제하며 상대방을 배려하고 존중하며 사회 규범을 지킬 줄 아는 사람으로 자라나게 된다. 최근 사회적으로 문제가 되고 있는 중학생 집단 따돌림이나 폭력은 부모인 기성세대가 아이의 두뇌 발달에 맞춰 꼭 필요한 교육적 자극을 주지 못했기 때문에 벌어진 일이기도 하다.

Tip 사춘기 자녀를 키우는 부모를 위한 작은 힌트

1. 먼저 '사춘기는 반항하는 시기'라는 선입견을 버리자. 이 시기를 독립적인 성인이 되기 위한 시기로, 자신의 위치와 정체성을 성립하기 위한 첫 몸부림으로 받아들이고 잘 도와주자.
2. 이 시기에는 주변 친구들에게 적지 않은 압력과 영향을 받는다. 그런 이유에서 자식과의 대화가 더욱 절실한 때다. 아이가 눈에 거슬리는 잘못을 했더라도 다그치지 말고 참을성 있게 대처하자.
3. 바람직하지 못한 길로 유도하는 친구들의 유혹에는 "NO"라고 말할 수 있도록 올바른 가치관과 확실한 주관을 심어주자.
4. 어떤 친구들과 어울리는지 알고 싶으면 친구들을 집에 초대해 피자 파티도 열어주고 신세대가 즐기는 음악회에도 데리고 가서 아이들의 행동을 관찰해보자.
5. 사춘기 청소년들은 부모나 학교에서 세워놓은 규칙과 한계선에 자주 도전하곤 한다. 비록 규칙을 어기더라도 비판적인 언어사용은 피하고 물리적인 충돌이 생기지 않도록 하자.
6. 조금 쑥스러울 수도 있겠지만 성교육은 꼭 시켜서 후천면역결핍증(AIDS)이나 성병에 걸리지 않도록 하자.
7. 강압적인 부모의 명령이나 학교 규칙. 선생님의 권위에 반항했던 자신의 사춘기 시절을 교훈 삼아 아이들의 처지를 이해해보자.

2장

좌뇌의
사고력과
우뇌의
창의성을
갖춰라

잠자고 있는
창조성 깨우기

무슨 일을 하든, 누구에게나 창조성이 필요하다. 태초부터 창조성을 빼고는 존재할 수 없는 것이 인간 세상이다. 좀 더 맛있는 음식을 먹는 것부터 다른 사람과 좀 더 관계를 잘 맺는 것에 이르기까지 모든 분야에서 창조성을 발휘해야 한다. 창조성은 머리가 좋고 IQ가 높은 것으로 설명될 수 없다. 타고난 재능이 있다 해도 그것만으로 창조성이 저절로 발휘되지는 않는다. 누구에게나 있지만 막상 내 안에서 끄집어내려면 창조성은 잘 보이지 않는다. 하지만 뇌의 창조성을 깨울 수 있는 열쇠는 우리가 선택하기로 마음먹고 눈을 크게 뜨기만 하면 잡을 수 있는 곳에 놓여 있다.

다음은 창조성을 키우는 세 가지 열쇠다.

목표 의지의 불을 밝히면 창조성이 깨어난다

목표 지향성은 뇌를 작동시키는 기본 메커니즘이다. 우리가 목표를 만들고 그 의미를 강화시킬 때 뇌에서는 시냅스 연결이 활성화되며 창조성은 목표를 향해 그 능력을 최대한 발휘한다. 뇌는 원하는 만큼만 그 능력을 발휘하고 성취한다. 목표 없이 편하고 자유로운 상태에서 더 창의적일 것 같지만 그렇지 않다.

진정으로 원하는 것이 없고 하고자 하는 의지가 없을 때 뇌는 무기력해지고 우울해져 창조의 힘을 발휘할 이유를 찾지 못한다. 의지와 목표를 정하면, 뇌 속의 네트워크는 새로운 연결을 시도하고 강화해 창조의 불꽃을 터뜨린다. 또한 목표를 이루는 과정에서 생기는 만족감은 즐거움을 넘어서고, 자신에 대한 신뢰는 뇌간의 생명의 힘을 증폭시켜 직관력과 통찰력을 키운다.

창조성은 노력의 결과다

창조의 대가들은 자신의 뛰어난 재능만으로 경지에 오른 것이 아니다. 문제에 몰입해 끊임없이 시도하고 인내하는 과정을 거치고 나서야 창의적인 성과를 얻는다. 애초에 아무것도 없는 상태에서 새로운 것이 생길 수는 없다. 학습과 경험을 통해 축적된 정보가 풍부할수록 그 정보를 재료로 창조성이 발휘될 가능성이 높아진다. 나이가 들면 흔히 창조성이 줄어든다고 생각한다. 하지만 세상에 대한 탐구심만

놓지 않는다면 연륜에서 나오는 풍부한 경험과 지식을 바탕으로 더 풍요로운 창조성을 발휘할 수 있다.

창조성은 연결 속에서 번뜩인다

창조성이라고 하면 흔히 예술이나 문화를 떠올린다. 예술만이 아니라 우리 생활에 필요한 살림살이에서부터 조화롭게 살아가는 모든 삶의 방식이 창조성의 산물이다. 창조성을 빼면 세계는 어쩌면 신기루처럼 흩어질지도 모른다. 세계는 창조성 덕분에 서로 연결되어 함께 숨 쉬고 영향을 주고받는다.

우리 뇌도 거대한 네트워크를 이루며 작동한다. 뇌의 어느 한 부위라도 이상이 생기면 사람의 사고와 행동에 문제가 발생한다. 뇌에서 사용되지 않는 영역은 없다. 다만 사용하지 않는 두뇌 활동의 연결 패턴이 있을 뿐이다. 뇌 속 시냅스의 연결 패턴은 무한에 가깝다. 새로운 경험이나 학습을 통해 그 연결이 풍성해질수록 우리 뇌는 더 많은 창조성을 이끌어낸다. 넓은 시야를 가지고 전체의 연결 흐름을 보고 새로운 연결을 시도하자. 창조성은 우리가 알지 못하는 연결 속에서 튀어나온다.

이것이 바로 브레인 시프트(brain shift)가 필요한 이유다. 사고를 전환하고, 두뇌 개발의 방향을 전환해야 한다. 무엇보다도 평소에는 거의 사용하지 않던 우뇌의 '생각의 기술'을 깨워서 창의적 사고와 좌뇌의 논리력, 추리력 발달에도 효과적인 전뇌를 개발해야 한다.

창조성의 열쇠를 얻기 위한 10가지 방법
아이의 창조성을 믿어라

아이의 뇌가 창의적 능력을 타고났다는 사실을 믿어라. 누구에게나 창의적 속성이 있는데도, 많은 사람들이 창조성은 특별한 사람의 재능이라고 생각한다. 아이는 특별하며, 아이의 뇌는 충분히 창의적이다. 다만 아이가 뇌를 충분히 믿지 않을 뿐이다. 스스로 믿고 시도를 거듭하면 잠자고 있던 창조성이 깨어나 고개를 들 것이다. 중도에 포기하지 않는 의지와 일이 잘 풀리지 않아도 좌절하지 않는 용기도 자신의 창조성에 대한 믿음에서 비롯된다.

일단 출발! 창조성에 시동을 걸자

행동하지 않으면 그 무엇도 얻을 수 없다. 창조성은 막연히 기다린다고 나타나지 않는다. 창조성을 끄집어내는 진정한 비결은 시작하는 데 있다. 빈 종이에 한 글자도 써지지 않는 막막함을 어떻게 해야 할지 모르겠다면 낙서를 하거나 그림이라도 그려서 일단 시작하자. 그 순간 창조성에 시동이 걸리고 아이디어가 하나둘 떠오르기 시작할 것이다.

작은 창조부터 크게 즐겨라

창조는 생활 속 작은 발견에서부터 인류의 역사를 바꾼 발명까지 다양하다. 처음부터 큰 창조성을 기대하면 창조의 즐거움을 맛보기 전에, 체념이나 자책 같은 부정적인 생각에 빠지기 쉽다. 창조의 규모는 뇌의 입장에서 별문제가 되지 않는다. 작은 창조만으로도 뇌는 충분한 자극을 받는다. 화초라도 키워라. 세상을 놀라게 할 창조성이 아니더라도 창조성은 생활을 윤택하고 의미 있게 만든다.

관찰하면 창조성이 보인다

모든 지식은 관찰에서부터 시작된다. 관찰을 통해 사물의 패턴을 구분하고, 유사성과 독창성을 이끌어내면 창조성이 생긴다. 관찰의 비결은 끈기와 참을성에 있다. 무심코 지나쳤던 세계는 그런 관찰자에게 놀라운 모습을 보여준다. 레오나르도 다빈치는 무엇이든 관찰했고 그 관찰을 토대로 떠오른 상상으로 새로운 작품을 탄생시켰다. 집 주변을 산책하며 가로수, 하늘 등 계절의 변화를 관찰해보자. 다양한 패턴과 독창성을 지닌 자연에서 뛰어난 창조성을 발견할 수 있을 것이다.

몸은 답을 알고 있다

온몸으로 창조하라. 모차르트는 온몸을 움직이며 곡을 썼다고 한다. 몸의 각 부위는 뇌와 연결되어 있어서 몸을 움직이면 그 부위에 해당하는 뇌의 기능이 활성화된다. 가만히 앉아 고민하지 말고 좋은 생각이 필요할 때는 고개라도 흔들어보자. 고개를 좌우로 흔드는 것에서 시작해 몸의 이곳저곳을 흔들고 두드리다 보면 머릿속이 시원해지면서 새로운 연결이 일어날 것이다.

창조 도구를 개발하라

아이의 창조성을 키우는 도구 없이는 밖에 나갈 수 없을 정도의 필수적인 도구를 만들어라. 길을 걷고 물건을 고르면서 마음에 드는 장면과 표정을 마주했을 때 스케치를 하고 글을 쓰고 사진을 찍고 녹음을 하는 과정에서 창의적 표현력이 높아진다.

걷고 또 걸으면 이완된 집중에서 창조성이 나온다

스티브 잡스는 중요한 결정을 해야 할 때는 산책을 하며 생각했다고 한다. 걸으면서 휴식을 취하면 대뇌피질 인지 영역의 회로가 긴장에서 벗어나 뇌에 창조성을 위한 공간을 마련한다. 뇌를 이완된 집중 상태로 만드는 것이다. 활기차게 걷다 보면 온몸에 미세한 진동이 일어나면서 머리가 맑아지고 뇌파가 안정되어 뇌에 활력이 생긴다.

본능으로 돌아가서 놀면서 창조하자

놀이는 본능적인 느낌과 정서, 직관, 쾌락을 선사하여 창의적인 통찰을 이끌어낸다. 기존의 생각이나 행동이 목표에 장애가 될 때, 놀이는 그 모든 것을 새로운 관점에서 보게 해주는 재미있고 특별한 수단이다. 요리, 퍼즐, 진흙탕에서 뒹굴기 등 원초적인 감각을 살리는 놀이의 즐거움을 꼭 챙기자.

무한 상상의 세계, 책 속으로 빠져보자

글을 읽을 때는 소리 내어 읽지 않아도 어떤 소리인지 판단하는 뇌의 부위가 활성화된다고 한다. 또한 사물을 생각하거나 기억하는 부위도 함께 활성화된다고 한다. 책에는 정형화된 형식의 콘텐츠를 제공하는 영상 미디어와는 비교할 수 없는 상상의 세계가 들어 있다. 독서는 뇌의 다양한 부위를 자극하고, 여러 분야를 연결하고 응용하며 재창조하는 가능성을 증폭시킨다.

뇌파를 조절하라

런던 대학교 심리학과 존 그루질리어(John Gruzelier) 교수는 왕립극예술학교 학생들에게 뇌파 조절 훈련을 시킨 결과 학생들의 기억 연상 작용이 향상되고 수행력이 증대되면서 창의성이 극대화되었다는 연구 결과를 발표했다. 우리 뇌는 뉴런이 쉼 없이 활동하며 전기적 파동인 '뇌파'를 만든다. 뇌파 상태에 따라 우리의 감정, 사고, 행동은 달라진다. 클래식 음악이나 알파파 음악(알파파는 심신이 안정된 상태에서 집중력이나 기억력, 사고력이 최고의 상태에 있을 때 주로 관찰되는 뇌파다)을 들으며 자신의 뇌파를 조절하는 감각은 곧 창조의 힘으로 연결된다.

아이들의 '디지털' 생활 습관부터 바꿔라

두뇌를 개발하고 활용하려면 어떻게 해야 할까? 아날로그 방식으로 두뇌를 개발해야 한다. 천천히, 끊임없이 뇌에 자극을 주고 활용하는 것이 아날로그식 두뇌 개발법의 핵심이다. 인간의 뇌는 20세에 성장의 최고점에 이르고, 그 후로는 하루에 10만 개의 뇌세포가 소멸된다고 한다. 뇌세포를 죽게 만드는 가장 큰 원인이 바로 뇌를 쓰지 않는 것이다. 더욱이 한번 죽은 뇌세포는 더 이상 보충되지 않는다는 점에 유의해야 한다.

요즘처럼 간단한 덧셈 뺄셈도 휴대폰 계산기 앱으로 하거나 가족들 전화번호도 휴대폰에 저장해 사용하다 보면 '디지털 치매'에 걸릴 위험도가 높다. 즉 전자기기에만 의존하는 디지털 생활 습관은 머리 쓰는 노동을 '안 하는 사람'이 아니라 '못하는 사람'으로 만들 수도 있다.

운동으로 체력을 기르는 것처럼 꾸준한 두뇌 훈련을 통해 사고력과 기억력을 길러야 한다. 평소 좌뇌와 우뇌를 고루 발달시킬 수 있도록 양손을 많이 사용하며, 매일 3~5분 정도 일정 시간 동안 조용히 생각하며 머리를 쓰는 두뇌 훈련법을 추천한다.

의식적으로 뇌를 사용하다 보면 뇌세포 운동의 활성화로 뇌 근육을 단련시킬 수 있다. 또한 클래식 음악이나 자연의 소리 같은 알파파가 나오는 음악을 자주 들으면 우뇌를 자극할 수 있다. 숨은 그림 찾기나 미로 찾기, 장기나 체스 역시 패턴 인식력을 높이는 데 효과적이다. 특히 퍼즐이나 블록 등 다양한 놀이 교구를 활용하면 새로운 것에 대한 탐구와 도전을 통해 통합사고력은 물론 두뇌 개발과 집중력을 키우는 데도 좋다. 이처럼 연령대별 알맞은 놀이 교구를 이용한 두뇌 트레이닝은 뇌세포 간의 연결망인 '시냅스'의 기능을 강화해 두뇌 개발의 중요한 역할을 담당하는 촉매가 된다.

머리를 100퍼센트
사용하게 하라

머리를 쓰지 않고 답만 맞히려는 아이들

중학교 1학년 민우는 어머니 손에 이끌려 상담하러 왔다. "그냥 놔두면 좋아하는 판타지 소설이나 게임에 빠져 밤을 새우고 학교에서는 엎어져 잠만 자요. 학원 지각은 말할 것도 없고 아예 샛길로 새버려요." 어머니의 하소연이었다. 어머니는 그대로 두면 안 될 것 같아서 초등 4학년 때부터 아예 전담 과외 선생님을 붙였지만, 효과는 잠깐뿐이었다고 한다. "2년 사이에 과외 선생님만 6명이 그만뒀어요. 그나마 1년간 버티던 선생님이 어제 도저히 못하겠다고 했어요."

민우는 지능과 집중력 검사 결과 매우 명석했다. 그런데 유추 능력·창의력·논리력 및 두뇌회전 속도에서는 자기 또래에서 최하위 수준이었다. "올해 형과 동생 나이의 합은 33이고…… (중략) 올해 형과 동생의 나이를 각각 구하시오"라는 초등 4학년 수학 서술형 문제를 내자 바로 "에이, 몰라요"라고 대답했다. 그러나 같은 문제를 방정식으로 내자, 금방 형 나이는 18세이고 동생 나이는 15세라고 맞혔다. 민우는 머리를 쓰지 않고 답만 맞히려는 전형적인 유형이다. 그 이유는 뭘까?

민우는 단원평가와 중간·기말시험을 위해 그때그때 급한 대로 학원 강사가 씹어주는 고기를 받아 삼키는 '받아먹기식 교육'에만 익숙해져 있었다. 스스로 문제를 해결하는 힘이 약했고, 머리를 써서 문제를 푸는 게 아니라 답을 찍는 요령만 익히는 학습 태도가 굳어져 있었다. 상황이 이렇다 보니 통합적 사고가 필요한 중학교에 입학한 후로 공부는 고통 그 자체였다. 초등학교까지 상위 5퍼센트 수준이던 민우가 중학생이 되면서 거의 꼴등을 하게 된 주요 원인이다.

민우와 함께 두뇌 트레이닝(brain training)을 시작했다. 민우는 처음에는 엎드린 채로 꿈쩍도 하지 않으려 했다. 집중·기억·어휘·시공간 지각 및 스피드 훈련까지, 진짜 머리를 써야 하는 단계부터는 머리를 쥐어짜며 괴로워했다. "너무 어려워요, 못해요" 하며 그만두려는 민우를 달래고 으르면서 트레이닝을 시작했다. 처음에는 단순 반복만으로 문제를 해결하려 들더니 4개월쯤 지나자 부호화·조직화·연상 등 고차원적 방식을 사용해 문제에 접근하기 시작했다. 때로는 자기만의 방식으로 유추해내고 창의적으로 문제에 접근하기도 했다. 학교 성적도 서서히 오르기 시작했고, 1년이 지난 지금은 과학고등학교 진학을 꿈꾸고 있다.

공부는 다른 말로 '학습(學習)'이다. 말 그대로 배우고 익히는 것인데, 지금 우리의 현실은 어떠한가. 하루 종일 학습의 '학' 자인 배움을 구겨 넣듯이 반복하기만 한다. 지식을 오로지 양으로 채워 넣는다. 학습의 나머지 글자 '습'도 마찬가지다. 즉 익힌다 해도 고작 학교와 학원에서 내주는 숙제가 전부다. 이것마저 베끼기 일쑤니 진정 공부를 할 줄 아는, 머리를 쓰는 학생들이 사라져간다.

어떻게 해야 할까?

첫째, 부모는 성적 중심으로만 생각하는 조급증에서 벗어나야 한다. 둘째, 어린 시절부터 정답을 맞히는 것보다 틀려도 나름의 풀이 과정을 칭찬해야 한다. 셋째, 좀 돌아간다 생각해도 창의력·유추 능력·논리력을 키우는 공부가 필요하다.

우리나라 부모님들을 대할 때마다 놀라운 교육열에 존경스럽기까지 하다. 매주 한 번 교육을 받으러 차로 2~3시간을 달려오고 수업시간 내내 기다리는 과정을 몇 년 동안 계속 해낸다. 대부분의 부모님들에게 4~5년 교육은 기본일 뿐만 아니라 자녀가 많을 경우에는 10년 넘게 아이들을 교육시키며 온갖 희생과 고생을 주저하지 않는다. 이러한 교육열이 우리나라를 발전시키는 큰 원동력임을 느낀다. 하지만 기본적인 교육 목적과 교육 방향을 잘못 잡고 주변의 정보에 휘둘리며 이리저리 바쁘게 다니는 부모님을 볼 때는 학부모도 아이들도 정말 걱정스럽다. 가장 큰 문제는 주변에 정보력 많은 사람의 말을 무분별하게 추종하는 것이다. 내 상황과 내 아이의 준비 상태도 모르는 채 좋다는 것은 거의 다 따라 하는 동안 아이들은 쉽게 포기하는 법과 적당히 흉내 내는 법을 배운다. 수업시간 내내 시간만 보는 어린아이부터 답만 가르쳐달라며 멍하게 앉아 있는 아이들을 보면서 공부에 지친 입시 공부하는 고3 학생을 보는 듯해서 마음이 무겁다.

배움이 어렵고 싫은 것이 아니라 즐거운 것임을 알려주기 위해서는 처음 보는 문제도 포기하지 않고 자신의 두뇌를 한껏 회전시켜서 해결하려는 아이로 키워야 한다. 예를 들어 수학에 알레르기 반응을 보이는 대부분의 아이들은 반복적인 주입식 계산법과 공식을 통째로 암기하는 방식에 익숙하기 때문에 범위가 정해진 정기 시험에는 그럭저럭 대처하지만, 범위가 정해지지 않은 실력 고사에서는 대체로 좋은 성적을 받지 못한다. 지루한 암기식 학습에 빠져 힘들어하는 아이들에게 암기식 수학 공부가 아니라 논리적이고 수학적인 퍼즐이나 교구를 통해서 수학 실력을 키워주고 새로운 일에도 도전하는 힘을 기르게 해야 한다.

한 문제를 풀더라도 충분한 마음의 여유를 가지고 몇 분이 걸리더라도 꼭 풀고야 말겠다는 의지를 갖고 머리를 100퍼센트 가동해서 즐겁게 할 수 있도록 하는 것이 브레인 시프트 우뇌식 프로그램이다. 브레인 시프트 프로그램을 풀다 보면 수학 알레르기에서 해방되는 것은 물론 수학 감각도 좋아져 더 이상 수학이 두렵지 않을 것이다. 논어에 나오는 '學而時習之不亦說乎(학이시습지불역열호, 배우고 때때로 익히면 또한 기쁘지 아니한가)'라는 말은 이 시대에도 분명히 유효하다.

선행학습, 얻는 것보다 잃는 것이 많다

요즘은 학년을 가리지 않고 대부분의 학생들이 선행학습에 매달린다. 초등학교 고학년 학생은 중학교 과정을, 중학생은 고교생 과정을 배우는 모습은 이제 흔히 볼 수 있다. 1~2년 정도의 선행학습은 '기본'이 되었다. 하지만 '옆집 아이가 하니 우리 아이도 시킨다'는 무분별한 선행학습에서 이제 벗어날 때가 되었다. 우리 아이는 과연 올바르게 선행학습을 하고 있는지, 선행학습이 오히려 해가 되고 있지는 않은지 점검해보자.

이론 암기에만 길들여지면 '독'

올해 고등학교에 입학하는 김○○(16) 군은 선행학습이 '독'이 된 경우다. 김 군은 중학교 2학년까지 사교육 없이 학교 수업만 충실히 들으며 최상위권의 성적을 유지했다. 그러다 중학교 2학년 겨울 방학에 동네 학원에 '스카우트'되었다. "학원비를 면제해줄 테니 우리 학원에서 특목고 입시 준비를 하라"는 제안을 받은 것이다. 학원에서는 입학 후를 생각하면 선행학습을 꼭 해야 한다고 했다. 그때부터 김 군의 공부는 엉망이 되었다. 선행학습 진도를 따라가는 것이 힘에 부쳤고, 학교 공부에도 소홀해졌다. 결국 내신 성적까지 떨어졌고, 특목고 입시에서도 낙방했다. 김 군은 "선행학습을 하면서 전과 다르게 제 실력이 친구들에 비해 부족하다는 생각이 들어 자신감을 잃었다. 지난 1년간 무엇을 배웠는지조차 모르겠다"고 하소연했다.

이○○(16) 군도 선행학습의 피해자다. 이 군은 늘 1년 정도 앞서 선행학습을 했지만, 성적은 늘 중위권에 머물렀다. 수업시간에 자신이 조금이라도 아는 내용이 나오면 이를 과시하기 위해 질문을 계속했다. 선행학습의 효과가 성적으로 나타나지 않으니 다른 곳에서 만족을 찾으려 한 것이다. 수업에 방해가 될 정도로 쓸데없는 질문을 계속하자 선생님에게 혼나는 일이 잦았고, "잘난 척한다"는 말을 들으며 친구들과의 거리도 멀어졌다.

학교 수업을 복습으로 활용하면 '약'

박OO(14) 군은 요즘 고2 과정인 수학 I을 공부하고 있다. 초등학생 때부터 참고서를 활용해 조금씩 앞서 공부한 것이 쌓여 현재에 이르렀다. 진도가 3~4년을 앞서 나가지만, 학교 수업도 충실히 듣는다. 예전에 공부할 때 어렵게 생각했던 개념이나 모르는 내용이 나오면 더욱 집중한다. 복습을 빨리 하는 것도 비결이다. 학교나 학원에서 배운 내용은 집에 오자마자 바로 복습한다. 학원에서 배운 내용을 응용한 10~15개의 심화 문제를 2~3시간 동안 해답을 보지 않고 혼자 힘으로 끝까지 풀어본다.

장OO(16) 양도 지금 수학 I의 로그함수 단원을 공부 중이다. 수학을 무척 좋아해 수학 관련 학과로 진학할 계획이다. 학원에서 이미 배운 내용이라도 수업시간에 잘 듣고, 교과서의 기초·심화 문제를 모두 꼼꼼히 푼다. 복습할 때는 쉬운 문제부터 어려운 문제까지 수준별로 문제를 풀면서 배운 내용을 제대로 이해했는지 확인한다.

선행학습 활용 방법

우리나라에서 선행학습이 인기를 끌기 시작한 것은 약 10여 년 전으로, 치열해지는 특목고·대학 입시 때문이었다. 교육전문가들은 "선행학습 열풍은 학부모의 조급증과 학원의 상업적 목적이 딱 맞아떨어진 결과"라고 입을 모은다. 학부모가 선행학습에 매달리는 것은 불안과 조급증 때문이다. 우리 아이가 혹시 뒤처지지 않을지 걱정스러워서 조금이라도 앞서 나가기를 바라는 마음에서 선행학습을 시킨다.

학부모들의 기대와는 달리, 선행학습은 효과를 보기는커녕 오히려 해를 끼치는 경우가 적지 않다. 무리한 선행학습의 부작용은 크게 두 가지다. 첫째, 선행학습 내용을 제대로 이해하지 못하는 상태에서 학교 수업에도 집중하지 못하게 된다. 둘째, 자신의 수준보다 어려운 내용을 계속 배우면서 자신감과 공부 재미를 잃는다. 공부를 잘하는 학생은 예외 없이 수업 집중도와 특정 교과목에 대한 자신감이 높다. 잘못된 선행학습은 이 모든 것을 빼앗아간다.

선행학습을 했다면 학교 수업에서 복습하라

학교 수업을 소홀히 하면 선행학습 효과도 물거품이 된다. '학원에서 이렇게 배웠고 나는 이렇게 생각하는데, 선생님은 과연 어떻게 설명하실까?' 하고 서로 비교해보면서 다른 점을 표시했다가 선생님에게 질문하면 더욱 깊이 공부할 수 있다.

일부 최상위권 학생을 제외하면, 선행학습은 보통 1~6개월 정도 앞서 나가는 것이 효과적이다. 다음 달에 배울 내용을 EBS 등 인터넷 강의로 듣는 정도면 충분하다. 잘 이해가 안 되는 부분은 표시했다가 수업시간에 집중해 들으면 도움이 된다.

개념 노트를 활용하는 것도 좋은 방법이다. 노트를 한 권 준비해 한 단원이 끝날 때마다 교과서를 보지 않고 혼자 힘으로 배운 내용을 정리한다. 그 후에 교과서와 비교해보고, 빠진 내용은 다른 색의 펜으로 채워 넣고 반복해서 익힌다.

선행학습을 하는 학생들은 기본 개념 문제집을 반드시 풀어봐야 한다. 개념 문제집을 풀면 의외로 많이 틀리는 것을 발견할 수 있다. '다 아는 것인데 왜 틀렸을까?', '내가 이 단원을 제대로 익히지 않았구나!' 라고 스스로 깨닫게 된다.

선행학습보다는 선수학습이 중요하다. 선수학습이란 '새로운 내용을 배우기 전에 자신이 어디까지 알고 있어야 하는지를 파악하는 것'이다. 중학교 2학년에 올라간다면, 중학교 1학년까지의 과정을 모두 알고 있는지 점검하고 보충하는 것이 '선수학습'이다. 또한 옆집 아이와 비교하며 진도 싸움을 해서는 안 된다.

암기식 교육보다 놀이 교구와
퍼즐 학습이 더 좋다

놀이 교육이 창의력을 발달시킨다

영국 케임브리지 대학교 교육학부 산하의 초등교육 연구기관인 '케임브리지 프라이머리 리뷰(Cambridge Primary Review)'에서 2009년 "아이들이 학습에 대해 거부감을 갖지 않게 하려면 6세 이하의 조기교육을 피하는 것이 좋다"는 연구 결과를 발표했다. 6세 이후에 정식 교육을 시작해야 아이들이 학습에 대해 긍정적인 태도를 갖게 되고, 고급 교육과정에서 필요한 언어 및 학습 능력을 개발하는 데 도움이 된다는 것이다. 특히 6세 이하 아이들은 '놀이 교육'을 시킬 것을 강조했다.

국내에서도 놀이 교육의 중요성이 강조되지만, 집에서 제대로 실천하기 쉽지 않아 고민하는 부모들이 많다. '무엇을 가지고 어떻게 놀아야 하는지' 혼란스럽기 때문이다. 유아 대상의 놀이 교육 학원에 보내거나 문화센터에서 놀이 교육 수업을 받는 일도 많다. 하지만 놀이 교육을 일회성 이벤트처럼 해서는 아무런 효과가 없다. 특히 우뇌를 발달시키기 위해서는 일정 기간 지속적으로 자극을 줘야 한다.

놀이 교육에는 거창한 교재나 도구가 필요하지 않다. 어떻게 지도하고 어떻게 놀아줄 것인지가 중요하다. 간단하게는 신문지로 만든 공부터 작은 인형극 무대까지 엄마와 아이가 함께 직접 만든 놀잇감이 효과가 더 좋다. 특히 손으로 오리고 자르고 찢고 그리는 동안 아이의 손 소근육이 발달하고 상상력과 창의력이 커진다.

직접 만들기 어렵다면, 시중에 판매되는 각종 교재와 교구를 이용하는 것도 좋다. 이런 교재들 중에는 교사가 방문해 20~30분 아이와 놀아주는 프로그램이 있는 경우가 많은데, 사실 엄마 아빠가 아이와 함께 놀아주는 것이 더 효과가 높다. 다만, 엄마 아빠는 교구 활용법을 잘 알지 못하므로 '부모 지침서'가 자세하게 나온 것을 사는 것이 좋다. 아이와 함께 놀다 보면 점차 익숙해지고 새로운 놀이법도 고안할 수 있다. 무조건 값비싸거나 좋다고 소문난 교재에 욕심을 내는 것도 금물이다. 무엇보다 현재 내 아이의 수준이나 발달 단계에 잘 맞고 체계적인 교재 및 교구를 선택하는 것이 중요하다. 또한 유아는 집중할 수 있는 시간이 짧다. 짧은 시간 동안 놀 수 있고 아이가 호기심을 보이는 놀이를 반복하는 것이 좋다. 한 가지 놀이를 다양한 방법으로 여러 번 해보는 것이 집중력과 창의성에도 좋다.

엄마들은 놀이의 중요성을 알면서도 '학습'에 대한 걱정을 떨치지 못한다. '놀이만 하다가 초등학교에 들어가 뒤처지면 어떻게 하느냐'는 우려도 적지 않다. 그러나 놀이에 학습 요소를 가미할 수 있는 방법이 많다. 예를 들어 다양한 색상의 공깃돌을 가지고 놀면서 수 세기는 물론 많고 적음, 색깔별로 분류하기 등을 가르칠 수 있다.

암기식 교육보다 놀이 교구와 퍼즐이 더 좋은 이유
집중력과 신중함이 생긴다

미래의 대학 입시에서는 지원자가 얼마나 많은 문제를 풀었는지가 아니라 문제를 해결하고자 하는 자세를 평가하게 될 것이다. 꼭 입시 준비뿐 아니라 청년이 되어 사회에 나가서도 지식과 경험을 토대로 다양하게 생각하는 창의적 사고와 끝까지 해결하고자 하는 근성이야말로 성공한 삶을 사는 중요한 요인이다.

비비엘 스쿨에 다니는 모든 아이는 4세부터 초등학교 6학년까지 매주 100분 정도 교구나 퍼즐, 창의적 문제 해결 프로그램을 수행한다. 이 프로그램의 목적은 다양한 방법을 생각해보며 직접 만지고 터득하는 과정에서 끝까지 해내는 근성을 몸에 배게 하는 것이다. 교사의 도움 없이 스스로 해내려는 아이로 성장하게 하는 것이다.

처음에 비비엘 스쿨에 오는 대다수의 아이들은 "안 배웠어요", "모르겠어요"라고 하면서 교사만 바라보며 도움을 요청한다. 이럴 때 교사는 "할 수 있어", "천천히 생각하며 끝까지 해보는 거야" 하며 아이의 눈높이에 맞은 교구를 제공해주고 아이가 스스로 하나씩 하나씩 완성시키는 성취감을 맛보게 한다. 말이 많아 계속 떠들어대던 아이들도 집중을 할 수 있도록 분위기를 만들어 6명 정도의 팀워크로 서로 약간씩 경쟁시키고 격려하면서 퍼즐을 풀게 하면, 어느덧 아이들은 "내가 해볼게요" 하며 교사의 개입을 싫어하는 독립적인 아이가 된다.

아이들 개개인의 눈높이에 맞게 퍼즐을 제공하므로 각각의 수준대로 성취감을 느낄 수 있다. 또한 퍼즐 수업이 일상생활과 학교 수학에 어떻게 도움이 되는지를 설명해주면 더 열심히 집중하려고 노력한다. 약간 긴장된 분위기에서 두뇌를 100퍼센트 활용하려고 하면서 문제를 풀어본 아이들에게서 자신감과 함께 도전 의식이 향상되는 모습을 볼 수 있다. 교구를 하다 보면 마지막 한 개를 풀 수 없을 때가 많다. 그때는 어떻게 바꿔야 하는지, 어디가 잘못되었는지를 검토하는 습관을 익히게 된다. 실수를 최소화하기 위해서는 무작정 시작하는 것보다 규칙을 찾아보며 시행착오를 최소화하려는 노력을 해야 한다. 이런 노력을 하면 충동성 및 자기 조절 능력이 생긴다. 중요한 것은 정답을 맞히는 것이 아니라 얼마나 집중해서 두뇌를 100퍼센트 가동하느냐다. 풀리지 않는다고 해답이나 풀이 과정을 도와달라고 하면 효과가 감소된다. 시간이 걸리더라도 스스로의 힘으로 풀어보는 습관이 몸에 배게 되면 집중력과 신중함이 단련되면서 시험에 더욱 강해진다.

스스로 우러나서 공부하게 된다

경험을 해보지 않은 것, 틀릴 것 같은 것에 유난히 긴장하는 아이들이 많다. 성적에 관계없는 유아들조차도 틀릴까 봐 못할까 봐 두려워서 처음 하는 것은 시도조차 하지 않으려 한다. 벌써 정답과 결과에 갇혀 평가가 두려운 것이다. 이런 아이들은 대부분 의존적이다. 빠른 성과를 기대하기 때문에 수업에서 "해주세요", "가르쳐 주세요"를 입에 달고 있다. 아이들을 지도할 때 모르는 것이나 실수하는 것에 바로바로 답을 알려주면 학습 의지를 기를 수 없다. 또한 다양하게 생각해보며 여러 가지 경우의 수를 배울 기회도 잃게 된다. 스스로 할 수 있도록 기다려야 하고, 한 가지 방법을 찾는 것이 아니라 다양하게 사고하도록 유도해야 한다.

대부분의 아이들은 처음부터 공부를 싫어하지 않는다. 어린아이들도 쉴 새 없이 책을 읽어달라고 하고, 뭔가를 그리며 놀려고 한다. 공부를 싫어하게 되는 것은 흥미를 느끼지 못하는 공부(계산 연습 등)를 억지로 하다가 질린 것뿐이다. 중요한 것은 아이들에게 억지로 강요하는 것이 아니라 아이들 스스로 공부하게 하는 환경을 만들어주는 것이다.

어려운 문제를 끝까지 해낸 아이들은 세상을 다 가진 것같이 즐거워하며 크게 웃는다. 해냈다는 성취감으로 "더 어려운 것 주세요!"를 외친다. 어려운 교구를 끙끙대며 30분 이상 씨름하듯 풀어냈을 때 "이제 좀 쉬고 다른 것을 해보자"라고 하면 대다수의 아이들은 "다시 한번 도전해 볼게요"라고 말한다. 이처럼 자신의 의지로 교구나 퍼즐에 도전했던 아이들은 고학년이 되어서 학교생활을 잘하려는 목표 의식이 생겼을 때 누구보다도 적극적이고 자발적인 학습자가 된다.

문제의 핵심을 정확히 파악하는 능력이 생긴다

살다 보면 매 순간 선택을 해야 한다. '무엇을 하고 싶은가?', '어떤 방향으로 가야 하는가?', '어떤 사람이 되고 싶은가?' 등 이런 질문에 바로 답을 할 수 있다면 고민할 필요가 없겠지만 자기 자신이 무엇을 원하는지 잘 모르는 경우가 더 많을 것이다. 그러나 '이것만은 절대로 하기 싫다'는 것은 분명히 있는데, 때때로 가장 하기 싫은 일부터 하나씩 지우고 나서 마지막에 남는 한 가지 일을 꼭 해야 할 때가 있다. 퍼즐을 많이 풀다 보면 불필요한 것부터 지우는 능력을 단련할 수 있다. 상관없는 것과 적절하지 않은 것을 하나씩 지우면 마지막에 정답이 남는다. 불필요한 것을 지워서 문제의 핵심을 파악하고 집어내는 능력은 공부의 효율을 높이고 불필요한 낭비를 줄인다. 일상생활에서나 공부도 이런 식으로 우선 순위를 정해서 한다면 효율이 높아져 성적도 성과도 눈에 띄게 향상될 것이다.

공부 끈기를 기를 수 있다

퍼즐이나 교구를 할 때의 핵심은 '시행착오'다. 이리저리 해봐도 잘 안 되는 시행착오를 통해 두뇌를 100퍼센트 가동하게 하는 것이다. 이러한 시행착오에서 즐거움을 느끼는 순간 수학 울렁증에서 해방된다. 대부분의 아이들이 수학을 싫어하게 되는 가장 큰 이유는 수학을 공식 암기형 방법으로 공부하기 때문이다. 한 문제를 오래 생각하는 것을 시간 낭비이며 해답의 풀이를 암기하는 편이 훨씬 더 많은 문제를 풀 수 있다고 생각하는 사람들이 있는데, 이런 생각은 두뇌 발달에도 의미가 없으며 이미 풀어봤던 문제밖에 풀 수 없다는 큰 오류가 있다. 같은 유형의 문제가 조금이라도 응용 출제되면 전혀 손을 대지 못하게 되고, 그 결과 아이들은 수학에 대한 흥미도 잃게 된다.

두뇌는 쉬운 문제를 많이 푼다고 좋아지지 않으며, 오히려 어려운 문제는 생각하지도 못하는 상태가 된다. 약간 어렵더라도 도전해서 문제를 푸는 것이 두뇌를 발달시키고 실력을 키우는 데 중요하다. 스펀지 아령으로는 아무리 열심히 운동해도 근육이 만들어지지 않는다. 시간을 들였는데 답이 나오지 않더라도 두뇌를 최대한 사용했기 때문에 유용한 시간을 보낸 것이다. 중요한 것은 정답을 맞히는 것이 아니라 시행착오를 거치며 다양하게 생각하는 것 자체다. 퍼즐이나 교구를 맞춰보려는 노력 자체가 바로 도전이며 두뇌 성장의 길이다.

자신만의 풀이 노하우를 얻는다

문제풀이로 답습하는 형태의 학습을 많이 했던 아이들은 조금만 어려워도 쉽게 포기하거나 다양하게 생각하지 못한다. 배웠던 것을 기억으로 끄집어내려 하다가 "생각이 안 나요"라며 포기한다. 비비엘 스쿨 프로그램을 오랫동안 해온 아이들은 "틀려도 되지요?"라는 말을 많이 한다. 모르니까 당연히 틀릴 수 있다. 왜 틀렸는지를 생각하며 수정하는 과정에서 과제 인내력과 자신만의 풀이 노하우를 쌓게 된다. 문제풀이 방법을 처음부터 알려주고 풀게 하면 아이들은 모두 같은 방법으로 문제를 푼다. 반면, 스스로 생각해서 풀어보라고 하면 아이들은 각기 자신의 방법대로 문제를 푼다. 이러한 경험이 쌓이면 자기 나름의 방식이 생기게 되고 차츰차츰 최선의 방법을 찾아간다. 그래서 비비엘 스쿨 교사들은 아이들에게 아무것도 강요하지 않는다. 아이들을 지켜보며 격려하고 수준별 눈높이에 맞게 자료를 제공하며 아이들 개개인을 평가할 뿐이다.

여기서 중요한 것은 실패를 했을 때 그 시도를 헛되게 여기지 않고 그다음으로 이어가려는 생각이다. 실패를 하더라도 좌절하지 않고 그 경험을 살려서 앞으로 나아가는 유연성은 새로운 일에 도전할 때 많은 도움이 된다.

문제 해결의 실마리를 찾는 능력이 생긴다

살면서 어려운 상황을 만났을 때 이를 극복하려는 의지와 다양한 방법을 생각해내는 문제 해결 능력은 어른이 되었다고 갑자기 생기지 않는다. 뇌 발달의 결정적 시기인 유아기부터 청소년기까지 어려움을 극복하는 훈련과 감정을 조절하며 충동성을 억제하려는 자기 조절 훈련 등을 꾸준히 해야 성장한다. 이렇듯 어려운 문제에 도전하면서 해결점을 찾아가는 과정에서 엉킨 실타래를 풀듯이 문제의 약점을 찾아 답을 추론할 수 있다. 여기서 중요한 것은 해결의 실마리를 찾아내는 능력이다. 이런 능력이 단련되면 어려운 문제뿐만 아니라 일생생활에서도 어디서부터 공략하는 것이 좋은지 생각하는 습관이 몸에 배게 되고 그만큼 일을 빠르게 처리할 수 있다. 비비엘 스쿨에 다니는 대다수 아이들이 "어렵지만 재미있어요"라고 말하는 배경이다. 어렵지만 재미있다는 생각이야말로 공부를 잘할 수 있는 지름길이다.

지능에 대한
오해 6가지

지능을 어떻게 검사할 것인가

　인식 능력의 발달은 결국 지능의 발달을 뜻한다. 아이들은 나이가 들면서 점점 더 똑똑해진다. 더 많은 것을 알고, 합리적으로 사고하며, 오랫동안 주의를 집중하고, 추상적인 개념도 파악하고, 어려운 문제도 풀 수 있게 된다. 또한 자신의 지적 능력을 점차 깨닫고 이용할 줄도 알게 된다. 지능의 발달은 뇌 성장과 경험이란 두 요소의 상호작용이 있어야만 가능하다.

　교육 심리학자였던 가드너(Gardner, 1983)는 '다중지능 이론(Theory of Multiple Intelligences, MI theory)'을 주장했다. 이 이론에서는 근본적으로 다른 8가지 지적 우수성의 영역을 가정한다. 이 영역은 논리-수리 지능, 언어 지능, 음악 지능, 공감각 지능, 운동감각 지능, 대인관계 지능, 개인지각 지능, 자연탐구 지능이다. 지적 능력은 사람마다 다르다. 그러나 많은 심리학자들은 모든 지적 능력의 처리 속도와 효율에 영향을 주는 '일반적 지능'이 분명히 있다고 생각한다. 이런 의미의 지능은 지각, 공통성끼리 묶는 범주화, 추상화, 기억, 주의력 같은 인식을 구성하는 기본 요소와 관련된 그 무엇일 것이다.

어떤 능력을 지능으로 정의할 것인지의 문제와 더불어 지능을 어떻게 측정하느냐 하는 것도 문제다. 현재 우리나라에서 많이 이용하는 지능검사(IQ)로는 웩슬러 유·아동 지능검사(Wechsler Intelligence Scale for Chldren)가 있다.

IQ검사는 동기, 의지, 주의력과 같은 비사고적 능력과 학업 성적이나 직무수행 능력과도 밀접하게 연관되어 있다. IQ검사는 학구적 재능을 측정하는 데 탁월하지만 완전하지는 않다. 인종 및 문화적 특성을 고려하지 못한다는 비판도 끊이지 않으며, 음악, 체육, 대인관계 등의 재능을 다루지 못한다. 지능의 일반적 형태인 지혜나 창의성 같은 영역도 다루지 못한다. IQ검사 수치가 낮아도 일상적 상황에 대해 잘 대처할 수 있다. 여러 문제점이 있지만, IQ검사는 여전히 동일한 문화권 사람들의 지적 능력을 측정하는 데는 효과적이다. IQ검사가 가장 좋은 척도여서가 아니다. 지능을 쉽게 측정할 수 있으며, 지능의 신경학적 기초를 연구할 때 흔히 쓰는 지표이기 때문이다.

웩슬러 유·아동 지능검사에서는 언어능력, 공감각적 능력, 수리 능력을 검사하고 일반적 사고 능력과 추상화 능력을 판단한다.

유아용 웩슬러 지능검사는 만 2.6세에서 7.7세까지, 아동용 웩슬러 지능검사는 만 6세에서 15세까지, 성인용은 만 16세 이상부터 적용할 수 있다. 검사 방법은 집단 및 지필용 검사가 아닌 개인용 수행 검사이며, 검사 시간은 약 1시간에서 1시간 30분 정도 소요된다. 웩슬러 지능검사에서 언어성 검사에서는 검사자가 하는 질문에 답변을 하는 형식으로 진행되고, 비언어성 검사에서는 그림이나 블록과 같은 도구를 조작하는 것으로 진행된다. 여기서 나온 결과로 알 수 있는 것은 전체 지능뿐만 아니라 언어적 이해 능력, 지각 조직화 능력, 손과 눈의 협응력, 주의집중 능력, 처리 속도 능력, 축적된 지식의 정도, 사고력, 사회적 상황에 대한 이해와 판단력, 계획력 등을 알 수 있다.

　웩슬러 지능검사에서 나온 점수는 절대적인 평가 수치가 아니다. 이는 같은 연령 또래 집단의 평균 점수를 100으로 하여 이 평균 점수보다 상대적으로 어느 정도 높고 낮은지를 나타내는 상대적인 평가 점수를 의미한다. 예를 들어 IQ 120점은 또래의 평균보다 높은 지적 수준을 지니고 있으며, IQ 90점은 또래의 평균보다 낮은 지적 수준을 가지고 있음을 나타내는 것이다. 종합 심리검사로서 웩슬러 지능검사를 다음과 같이 활용할 수 있다. 지적 능력의 평가(정신지체, 영재성 등 진단), 개인 간 차이 및 개인 내 차이 측정, 일반적인 적응 능력의 이해, 교육과 진로 결정 등 아동의 목표를 구체화할 수 있으며, 아동의 일부적인 심리도 측정할 수 있다. 특히 언어성과 비언어성이 현저하게 차이가 난다면 아동의 불안정한 특성을 찾을 수 있으며, 지능검사 후 교육 환경을 개선하는 데 큰 영향을 미칠 수 있다.

머리가 크면 지능이 높다?

뇌의 무게는 개인차가 있지만 보통 1,400그램 정도다. 사람은 다른 동물과 달라서 뇌의 무게나 크기에 개인 편차가 거의 없는데도, 많은 사람들이 뇌가 크거나 무거울수록 머리가 좋을 것이라고 믿는다.

한서대학교 얼굴연구소 조용진 교수는 과학 영재의 머리 폭이 일반 학생보다 평균 0.6밀리미터 크다는 조사 결과를 내놓기도 했다. 그러나 머리가 크면 반드시 지능이 높은지는 좀 더 연구할 필요가 있는 부분이다. 예컨대 코끼리의 뇌는 인간의 뇌보다 무려 네 배 이상 크지만 코끼리는 간단한 의사소통밖에 하지 못한다.

아인슈타인의 뇌(1,230그램)는 오히려 뇌의 평균 무게(1,400그램)보다 가벼웠고, 사고 작용을 맡고 있는 대뇌피질이 일반인보다 얇았고 대뇌의 주름도 단순했다. 다만 수학적인 추론을 담당하는 것으로 알려진 두정엽 부분이 일반인에 비해 15퍼센트나 컸고, 대뇌피질 신경세포는 보통 사람보다 훨씬 빼곡히 들어차 있었다고 한다. 좌뇌 뒷부분 신경세포에서도 세포 사이를 연결하는 돌기가 유별나게 많았다고 하는데, 과학자들은 바로 이러한 차이가 아인슈타인의 천재성과 관련이 있는 것이 아닌가 추측하고 있다.

예쁜 여자는 머리가 나쁘다?

예쁘고 공부 잘하는 여성도 분명 있지만, '예쁜 여자는 머리가 나쁘다'는 사회적인 편견도 일반화되어 있다. 이 속설이 왜 생겼는지는 알 수 없지만, 이러한 인식은 말 그대로 편견이자 선입견이지 과학적으로 연구된 바가 없다. 예뻐지기 위해 돈과 시간을 투자하는 여자들이 그렇지 않은 여자들에 비해 상대적으로 공부하는 데 시간을 덜 쓸 것이라는 생각이 낳은 결과일 수 있다. 영화배우 샤론 스톤은 '섹시한 금발 미녀는 멍청하다'는 서양의 통념을 깬 대표적인 사례로, IQ 154로 미국에서 IQ 상위 2퍼센트 이내의 천재들만 가입할 수 있는 멘사(Mensa) 클럽 회원이다.

남성의 경우에는 비만인 남자가 그렇지 않은 남자보다 지능이 떨어진다는 조사 결과가 있다. 미국 보스턴 대학교 메릴 엘리아스(Merill Elias) 박사는 체질량 지수(BMI)가 비만에 해당하는 남자는 지능 테스트 성적이 평균 23퍼센트 낮은 것으로 나타났다고 밝혔다.

모유 먹은 아이가 똑똑하다?

덴마크 역학센터의 에릭 뤽 모르텐센 연구원과 미국 킨제이 성생식 연구소의 준 매초버 라이니시 명예소장이 미국의학협회지(JAMA)에 발표한 보고서에서, 출생 후 7~9개월 모유를 먹고 자란 아기들은 출생 후 채 1개월도 모유를 먹지 못한 아기들보다 성장 후 평균 약 6점이 높은 지능지수를 갖는 것으로 측정되었다고 밝혔다. 심지어 지능지수는 젖 먹는 기간에 비례해 높아진다는 보고도 있다.

한편 아프리카에서는 영양실조가 어린이의 지능에 어떤 영향을 미치는지 꾸준히 연구하고 있는데, 영양이 결핍되면 어린이의 지능이 떨어지고 그렇게 떨어진 지능은 나중에 영양이 공급되어도 회복되지 않는다고 한다. 게다가 영양실조로 인해 낮아진 지능은 세대를 걸쳐 유전된다고 한다.

천재는 IQ 150이 넘는다?

천재와 범인의 차이는 보통 지능지수로 구별하는데, 그렇다면 천재의 지능지수는 어느 정도일까? 적어도 IQ가 150은 넘어야 된다는 것이 일반적인 생각인데, 결론부터 말하자면 창의적인 천재들의 IQ가 일반인보다 월등히 높다는 것은 20세기에 만들어진 신화에 불과하다. 1920년대 미국의 심리학자 캐서린 콕스(Catherine Cox)는 과거의 천재적인 위인 300명을 선정해 이들이 만들어낸 창의적인 업적을 토대로 IQ를 역산했는데, 그 결과 평균 160이 넘었다고 했다. 문호 괴테가 210으로 가장 높았고, 뉴턴이 190에 달했다고 했다. 위인이나 천재가 되려면 적어도 IQ 150은 넘어야 한다는 속설이 여기서 나온 것이다. 그런데 콕스는 이미 사망한 위인들의 창조성만을 가지고 역산하여 IQ를 산출했기 때문에 설득력을 얻기 어려웠다. 콕스의 연구를 지도한 루이스 터먼(Lewis Terman)조차 IQ 140이 넘는 미국 청소년 1,500명을 선정해 20년 넘게 관찰했지만, 이들 중에는 '창의적인 천재'가 단 한 명도 나타나지 않았다고 한다. 반면 IQ 140이 안 돼서 터먼의 관찰 그룹에 포함되지 못했던 윌리엄 쇼클리(William Shockley)는 반도체를 발명해서 노벨 물리학상을 받았고, 역시 노벨 물리학상을 받은 리처드 파인만(Richard Feynman)은 IQ 122의 평범한 수준이었다.

아이는 엄마 머리를 닮는다?

천재의 유전자는 어머니에게서 오는 것일까? '아들의 지능은 어머니가 물려준다'는 속설 때문에 어머니들이 종종 난처한 입장에 빠지곤 한다. '아들 머리 나쁜 것은 엄마 책임'이라는 것이다.

지능이 유전된다는 학설은 19세기 말부터 거론되었는데, 그 학설을 뒷받침하는 결정적인 단서는 아직 없다. 다만 알츠하이머병이나 대개의 정신질환이 집안 내력인 것처럼 개인의 지능도 유전적으로 결정되는 측면이 강하다는 것이다. 그러나 인간이 살아가면서 배우고 습득하는 측면이 두뇌에 더 많은 영향을 주므로 지능은 유전으로만 획득될 수 있는 형질이 아니다. 참고로 과학자들에 의하면 개인에 따라 지능이 30대 초반까지 높아질 수 있다고 하니, 지능이 낮은 책임을 행여 어머니에게 전가하지 말아야 한다.

어머니의 나이가 어려야 자녀의 IQ가 높다는 속설도 있다. 마일스 스토퍼(Miles Stofer)의 연구 결과에 따르면, 오히려 어머니의 나이가 많을수록 아이의 IQ(특히 언어추론 능력)가 높다고 한다. 30~34세의 어머니에게서 태어난 아이를 기준으로 할 때 22~24세의 어머니를 둔 아이의 IQ는 평균 3점이 낮고, 10대 어머니를 둔 아이의 IQ는 평균 8점이 낮았다.

남자가 여자보다 똑똑하다?

양말, 속옷, 자동차 열쇠, 지갑 등의 물건들이 늘 그 자리에 있는데도 남자들은 잘 찾지 못한다. 여자는 냉장고나 옷장의 물건을 척척 찾아낸다. 남자들도 상하좌우로 고개를 움직이기는 하지만 물건을 찾는 데는 큰 성과를 거두지 못한다. 이러한 시야의 차이는 자동차 보험회사의 통계자료에서도 드러난다. 여성 운전자는 남자에 비해 교차로에서 자동차 옆면을 들이박는 일이 적다. 탁월한 주변 시야 때문에 옆에서 다가오는 차를 더 잘 볼 수 있기 때문이다. 반면, 차를 똑바로 주차시키려다 앞이나 뒤를 박는 비율은 여자가 더 높다. 남자보다 여자가 공간 인지 능력이 덜 발달했기 때문이다.

이런 사실로 봤을 때 남자가 여자보다 지능이 높은 것이 아니라, 남자의 뇌와 여자의 뇌는 발달 영역이 다르다고 보는 것이 옳다. 남자는 수학과 운동능력, 공간지각 능력이 발달했고, 여성은 언어능력에서 남자의 뇌를 능가한다. 다만 남성이 여성보다 지능 편차가 심하여 IQ가 아주 높은 상위권에 남성의 숫자가 더 많은 것도 이러한 속설이 나오게 된 한 가지 이유일 것이다.

좌뇌와 우뇌 차이가 심할 때
나타나는 문제

학습장애란?

학습장애는 효과적인 학습의 기본이 되는 심리적 처리 과정과 사고 및 추론의 핵심 분야에서 적어도 평균적인 인지 기능이 떨어져 나타난 결과다. 다음에 제시된 정의는 2002년 캐나다학습장애협회가 승인한 예다.

"학습장애(Learning Disability, LD)는 언어 또는 비언어적인 정보를 습득하고 조직화하고 이해하는 데 영향을 미칠 수 있는 장애를 말하며, 이는 한 가지 혹은 복합적으로 나타날 수 있다. 이런 장애는 사고 또는 추론에서 적어도 평균적인 수행 능력을 나타낼 수 있는 사람들의 학습에 영향을 미친다."

이와 같은 학습장애는 지적장애와는 다르다. 학습장애는 인지, 사고, 기억, 학습과 관련된 하나 또는 그 이상의 처리 과정이 결손된 데 따른 결과다. 여기에는 언어적 처리 과정, 음운론적 처리 과정, 시공간 처리 과정, 처리 과정 속도, 기억과 주의력과 실행 기능(예: 계획 세우기와 의사결정) 등이 포함되지만, 이것에만 국한되지는 않는다. 학습장애의 범위는 다양하다. 학습장애로 인해 구어(예: 듣기, 말하기. 이해), 읽기(예: 해독, 음운론적 지식, 단어 인지, 이해 등), 쓰기(예: 철자, 쓰기), 수학(예: 연산, 문제 해결) 중에서 하나 또는 그 이상을 습득하는 데 힘들 수 있다. 학습장애가 있으면 조직화 기술, 사회적 인식, 사회적 상호작용과 관점 이해 등에서도 어려움을 겪을 수 있다.

학습장애는 평생 동안 지속된다. 학습장애가 있는 아동들은 학교에서 수업 중 이해하지 못하는 내용들이 점차 늘어나면서 다른 아동들과의 관계에서 위축된 모습을 보이고 우울 증상이 나타나기도 한다. 또한 일부 아동들은 학습장애로 인한 좌절이 공격성이나 충동 조절이 잘 안 되는 형태로 표출될 때도 있다. 따라서 학습장애아 부모들은 아이를 양육하는 과정에서 학습 부진과 문제 행동으로 인하여 분노하고 좌절하며 아이의 문제를 쉽게 받아들이지 못하는 모습을 많이 보인다. 이러한 부모들은 자녀의 학습장애를 본인의 잘못으로 간주하여 심한 죄책감과 우울함을 호소하기도 한다. 참고로 주의력결핍 과잉행동장애가 있는 아동 중 일부가 학습장애를 동반하기도 한다.

언어성 학습장애 vs 비언어성 학습장애

학습장애는 학습과 관련된 하나 이상의 처리 과정에 영향을 미쳐 뇌 기능에 위험을 가하는 유전적·신경 생물학적 요소나 손상에 의해서 발생한다. 학습장애는 주의 장애, 행동 및 감정의 장애, 감각장애를 비롯해서 다른 의학적 조건 등으로 유발되는 여러 장애들과 공존할 수도 있다. 학습장애를 개선하기 위해서는 학습장애인을 조기에 발견하고, 가정, 학교, 지역사회와 작업장에서 시기적절한 특별한 진단과 중재가 이루어져야 한다.

신경심리학적인 관점에서 좌뇌와 우뇌의 불균형에 의한 학습장애를 정의할 경우에는 언어성과 비언어성 학습장애로 나눌 수 있다.

'언어성 학습장애(Verbal Learning Disability)' 또는 '좌뇌 기능 학습장애'는 청각적 정보전달 과정의 기능 결함으로 인하여 어휘 습득, 읽고 이해하는 능력, 말로 표현된 정보를 적절하게 이해하여 파악하는 능력의 결손을 보인다. 반면 '비언어성 학습장애(Non-verbal Learning Disability)' 또는 '우뇌 기능 학습장애'는 시지각적·시공간적인 정보 전달 체계의 기능 결함으로 인해 수학적인 사고 능력이나 쓰기 능력의 기능장애를 보인다.

비언어성 학습장애의 하나로 쓰기 장애가 있을 때, 시각-운동 협응 능력이 떨어지는 경우가 많으며 손의 소근육이나 미세 근육 운동기능이 같이 떨어진다. 비언어성 학습장애를 보이는 아동들은 웩슬러 아동용 지능검사에서 동작성 지능이 언어성 지능보다 15점 이상 떨어지는 결과를 보인다.

비언어성 학습장애의 문제점

사회성의 문제

일반적으로 상황 판단력이 떨어지면 사회적 관계 형성 능력이 떨어진다. 친구를 사귀거나 친구와의 관계를 유지하는 것을 어려워한다. 교실에서 '기이한' 행동, 상황에 적합하지 않은 대화, 어른의 속어 사용 등 부적절한 사회 행동을 한다. 대화할 때 순서를 지켜서 말하는 등의 사회적 상호작용을 유지하는 데도 어려움을 겪는다. 또한 혼자 있기 좋아하거나 또래의 정상 범위에서 벗어난 특정 주제나 흥밋거리에 고착하기도 한다.

'사회적 눈치'가 부족하고, 상황을 파악하여 실제 상황에 대처하는 수준이 현저하게 떨어지며, 낯설거나 익숙하지 않은 상황에서는 어떻게 해야 할지를 몰라 당황하고 대응전략 및 문제 해결 능력이 현저하게 떨어진다. 부적절한 상황에 끼어들거나 주제와 상관없는 엉뚱한 이야기를 늘어놓아 마치 딴생각에 빠져 있는 것처럼 보이는 아이들을 많이 볼 수 있다. 아이가 자신의 결정이나 해석이 적당한지, 상황 파악을 적절하게 했는지에 대한 확신이 없어 주위의 눈치를 살피는 경우가 많고 자신의 의견을 제시하지 못하고 우물쭈물하는 경우가 많다.

주의력과 실행 기능의 문제

비언어성 학습장애 아동들 중 상당수가 산만하고 집중력이 부족한 양상을 보여 주의력결핍 과잉행동장애를 동반한다고 알려져 있다.

처리 과정이 늦다 보니 두뇌의 피로감이 많으며, 지속적인 집중을 요구하는 수업은 더욱 어려워한다. 무엇이든 성급하게 반응하여 오류를 많이 저지르는데, 이러한 오류 상황을 인지조차 못하는 경우가 많아서 스스로 오류나 실수들을 수정하는 것은 더욱 어렵다. 그 결과 성취도도 매우 실망스럽다. 그러나 면밀히 관찰해보면 비언어성 학습장애 아동들은 정상 범주 속에서 팀 스포츠, 그룹 활동, 과외 활동에서는 문제가 나타나지 않으며 오직 학교에서만 빈번히 문제가 드러난다.

주의력 비언어성 학습장애가 있는 아동들은 심지어 주의를 기울이는 것 같지 않을 때도 듣기 기술에서 강점을 나타낸다. 들은 것을 반복할 수 있고, 들은 것을 기억하는 능력이 아주 높다. 언어적으로 제시된 정보를 쉽게 받아들이고 저장하며, 어떤 일에 참여할 때 언어와 듣기 기술의 장점(예: 책 읽어주기, 토론하기, 논쟁하기 등)으로 오랜 시간 집중할 수 있다. 반면, 시각, 촉각, 소근육 운동이 요구되는 과제와 시각적으로 아주 복잡한 자료가 제시될 때는 집중력이 흐트러지곤 하지만, 보통 주의력결핍 과잉행동장애 학생에게서 두드러지는 산만함, 불안감, 충동성이 나타나지는 않는다.

비언어성 학습장애 아동들은 시각적 주의력이 매우 취약하고, 패턴을 변별하기 위해 부분 및 전체를 추론하는 형태 인식 등을 잘하지 못하고, 관계없는 시각적 자극을 변별하는 것도 어려워한다. 시각적 스캔 기능이 약하기 때문에 빽빽하게 제시된 내용을 훑어서 재빠르게 관련 정보를 알아내는 것을 잘하지 못한다. 예를 들어 잘못 배열된 퍼

즐 조각을 잘 인지하지 못하고 그림을 연결시켜 이야기를 구성할 때
는 세부 사항을 빠뜨린다. 웩슬러 지능검사에서는 지각적 추론 또는
처리 과정 속도를 측정하는 지표에서 종종 낮은 점수를 보인다.

소근육 운동기능과 시각 – 운동 협응 능력의 문제

비언어성 학습장애를 보이는 아동들 중 소근육 운동기능이 떨어져
글씨를 쓰거나 모사하는 능력이 부족한 경우가 많다. 그런 아이들의
문제는 입력보다는 출력에 있고, 학습 그 자체보다는 산출에 있다. 쓰
기 비언어성 학습장애가 있는 아동은 아주 높은 언어능력에 비해 정
보를 종이에 적는 데 기계적·기술적 문제가 있다. 이런 아이들은 웩
슬러 지능검사에서 처리 속도가 극도로 낮은 점수를 보이는 경우가
많다.

대부분의 부모들은 아이들에게 퍼즐을 맞추게 하거나 점과 점을 연
결시켜 그림을 완성하게 하는 활동(비비엘 스쿨에서 진행하는 우뇌 활동
들)은 거의 권하지 않으면서, 오히려 정기적으로 책을 읽게 하거나 읽
어주는 것을 더 많이 중요하게 생각한다. 이렇게 편향되게 학습하면
그 결과 아이는 미세 근육을 사용하여 정교하고 세밀하게 수행해야
하는 과제에 어려움을 보이고, 민첩하고 신속하게 처리하는 일을 힘
들어한다. 또한 소근육 운동기능과 더불어 '운동신경'이라고 하는 대
근육 운동기능이 떨어져 체육이나 스포츠 활동을 싫어하거나 회피하
는 아이들도 많다.

시각적 기민성의 문제

비언어성 학습장애 아동들 중 대부분이 시각적 자극을 신속하게 인지하고 처리하는 능력이 늦어 과제 수행이 더디고 행동도 느리다. 시각적 기민성 및 정확도도 약하여 시각 자극을 처리할 때 부주의한 실수도 자주 한다. 기호와 같이 의미 없는 추상적인 시각적 자극을 재빠르게 지각하여 처리한 후 재산출하거나, 집중할 것과 무시할 것을 가려내서 재인지하는 속도가 떨어지는 경우가 많다. 이것은 대뇌에서 정보처리 속도가 저하되는 경우다.

지각 및 시각적 조직화의 문제

지각적 비언어성 학습장애 아동은 시공간 패턴 인지, 지각적 조직화, 부분과 전체의 통합, 시각 기억의 여러 가지 측면에서 어려움을 느낀다. 또한 일상생활에서 일을 조직화하지 못한다. 예를 들어 숙제를 마무리하거나 제때 제출하는 것, 공책에 필기하고 정리하는 것, 메모 및 유인물 챙기기, 바인더와 책상, 사물함 정리하기, 시간 관리, 프로젝트 관리 등이 포함되는 일반 조직화 기술을 어려워한다.

일을 조직화하지 못하기 때문에 학습할 때 더 많은 어려움을 겪는다. 이러한 학습 어려움은 점차적으로 수학 시각 절차(측정, 모양, 기하학, 문제 해결), 그래프 및 과제 완성하기 등에서 집중적으로 나타난다. 반면, 언어능력은 아주 뛰어나다는 평가를 받는 경우가 많아서 부모들은 아이들이 모든 학업 능력에서 뛰어날 것이라 예측하는 오류를 범한다.

블록 맞추기를 할 때도 지침을 보고 있는 그대로 구성하는 것은 가능하지만 스스로 부분 간의 관계를 예측하여 전체로 통합하는 것은 어려워한다. 주어진 정보나 자극들을 중요도에 따라 핵심적인 부분과 덜 중요한 부분으로 분류하는 능력이 부족하기도 하며, 유사한 정보들끼리 분류하는 능력이 떨어지는 경우가 많다.

수학 능력의 문제

상당수의 비언어성 학습장애 아동들은 초등학교 저학년 시기에는 반복적인 학습과 교육을 통해 형성되는 지식은 또래와 비슷한 수준으로 습득이 가능하여 수학에서도 연산 능력은 보통 수준으로 수행한다. 그러나 신속하고 정확한 수리 능력 및 유추·추론을 요구하는 고학년 수학 심화 과정에서는 수학 공부에 어려움을 느낀다. 심지어 만 7세 미만의 비언어성 학습장애 아동들 중 일부는 수 개념을 인지하고 학습하는 데 어려움을 보이기도 한다.

인지 기능에서 정보를 관련시키거나 본질이 같은 것끼리 의미 있게 묶는 기능인 비교하기, 분류하기, 순서화하기, 표상화하기 등의 기술이 떨어진다. 다양하고 복잡한 정보들 속에서 비슷한 것끼리 유목화하고 주어진 정보들을 중요도에 따라 순위화하는 능력이 현저하게 떨어져서 유사한 상황 간의 관계성을 이해하지 못하고 추론에 실패하는 경우가 매우 많다. 특히 복잡한 수학 문제나 새로운 과제를 수행하는 상황에서는 내용을 파악하지 못하다 보니 정보처리 속도가 저하되면서 수행 속도가 느려진다.

비언어성 학습장애 아동들은 상황에 대처하는 능력과 사람의 목소리 톤, 얼굴 표정, 신체 언어 등의 비언어적 단서를 잘 인지하지 못하기 때문에, 복잡한 사회성에서 이러한 단서를 이용하거나 활용하지 못한다. 친구와의 관계, 교사와의 관계, 부모와의 관계에 어려움을 경험하면서 반복적인 좌절로 심리적으로 위축되고 자신감이 없어지며 자존감이 낮은 경우가 많다.

유치원 시절에는 그럭저럭 생활하다가 초등학교에 들어가면서 친구들과 어울리지 못하고 외톨이처럼 지내다가 심한 경우에는 소아·청소년 우울증이나 불안증으로 발전되기도 한다. 드물게 분노 발작, 학업 거부, 방에서 나오지 않는 것, 항상 지쳐서 누워 있거나 잠만 자려고 하기 등의 회피 행동이 나타난다.

언어적 능력이 상대적으로 유리한 비언어성 학습장애 아동들에게는 사회적 문제를 언어로 표현하게 도와주고, 언어 기반의 문제 해결 기술을 사용하게 하고, 예측 가능한 사회적 상황을 통제할 수 있는 여러 가지 규칙을 학습할 수 있도록 해줘야 한다. 이때 실제 사회 생활에 적합하게 행동할 수 있게 해주는 것이 중요하므로 어른과 일대일 상황의 훈련보다는 비슷한 또래로 구성된 그룹 배경이 더 효과적이다.

이렇듯이 비언어성 학습장애의 증상들은 다양하고 광범위하다. 비비엘 스쿨에서도 자신의 자녀를 흔히 언어 영재라고 생각하고 지능검사를 의뢰하는 학부모들이 많이 있는데, 검사 결과 언어성과 동작성의 점수 차이가 15점 이상에서 무려 40점까지도 차이를 보이는 아이들이 많다. 이는 우리나라의 특별한 편향적인 교육열의 사례라고도 생각된다. 3세 무렵부터 이루어지는 좌뇌 편향적 학습(학습지, 책 중심의 교육)이 두뇌의 고른 발달에 악영향을 주는 것 같다.

오감을 활용하여 두뇌의 전 영역을 발달시키는 교육 환경이 정말로 중요하며 브레인 시프트 교육이 꼭 필요한 이유다. 아울러 아이에게 경미한 수준의 인지 기능장애가 보이거나 사회성 및 정서 영역에서 어려움을 겪을 때는 전문가의 진단을 받는 것이 중요하며, 지나치게 가볍게 여겨 방치하지 않는 것이 필요하다. 간단하게 웩슬러 지능검사만 받아도 좌·우뇌 지능의 편차를 알 수 있다.

더 중요한 것은 아이의 상황을 너무 병으로 몰고 가서 지나치게 염려하거나 아이에게 낙인찍는 일은 경계해야 한다. 두뇌는 쓰면 쓸수록 발달하기 때문에 치우치지 않는 교육 환경으로 얼마든지 개선할 수 있다.

우리 아이가
진짜 영재인가요?

어떤 아이들이 영재일까?

영재 성향을 가진 아이들은 수줍은 듯 조용하면서도 날카롭고 비판적인 시각으로, 나이보다 월등히 수준 높은 어휘력으로, 똑같은 조건에도 자기만의 세계를 유감없이 표현하는 상상력으로 독특함을 드러낸다. 이런 아이들의 부모들은 대다수가 "키우기가 너무 힘들어요"라고 호소한다. 아이들이 일반적이지 않으니 당연히 겪는 어려움이다. 그렇다면 이런 아이들이 영재일까? 영재란 어떤 특성을 가지고 있을까? 영재들에게서는 다음과 같은 특징을 볼 수 있다. 그러나 한 아이가 이 모든 특징을 다 지니고 있는 것은 아니다.

- 알고 싶은 것이 많다.
- 호기심이 강하다. 유난히 '왜?'라는 질문을 많이 한다.
- 독립적이고, 무엇이든 시도하려 한다.
- 자기만의 특이한 생각을 많이 한다. 남을 모방하지 않는 생각과 행동을 한다.
- 판단력과 어휘력이 뛰어나다.
- 나이에 비해 많은 지식과 정보를 가지고 있다.
- 표현력이 발달되어 있다. 말을 잘하거나 글을 잘 쓰는 등 표현 언어가 잘 발달되어 있다.
- 주위를 보는 눈이 다르다.
- 지적으로 빨리 발달되고, 빨리 배운다.
- 분석 능력이 비상하고, 끼워 맞추기, 장난감 분해 등 분석적인 놀이를 즐겨 한다.

영재들의 공통된 특성

지금은 청년이 되어 교육 플랫폼 사업에 열정을 쏟는 명준이가 1학년 때 비비엘 스쿨에 왔을 때 명준이 부모님의 걱정은 한두 가지가 아니었다. 명준이는 어려서부터 글을 일찍 읽기 시작했고 무엇이든 잘 기억했으며 음악적 재능도 특별했다. 그런데 명준이는 학교에 들어가면서부터 친구들과의 마찰이 생겼고, 자기가 싫어하는 것은 대충하는 습관으로 부모님이 학교에 불려다닐 때가 많았다. 성적도 들쭉날쭉했다. 특히 움직이는 것을 싫어해서 체육 시간은 아프다는 핑계를 대며 늘 빠져 체육 점수는 아예 포기해야 했다. 그런 명준이가 중학생이 되면서부터 수학과 과학에서 두각을 나타내기 시작했다. 고등 사고 능력이 우수하고 본질을 추론해내는 논리적, 비판적 사고가 우수했던 명준이에게는 당연한 결과였다. 명준이는 영재고를 거쳐 카이스트를 졸업한 후 교육 플랫폼을 기획하며 어엿한 벤처 기업가가 되었다.

명준이가 보여준 영재 특성은 대단한 호기심이었다. 다른 학생들은 숙제로 하는 실험이므로 한 번 실험해서 보고서를 작성했지만, 명준이는 소재와 종류를 바꿔가며 10번 이상 실험을 했다. 다른 학생들이 A4 2장 정도의 보고서를 제출한 것에 비해 명준이는 A4 100장의 보고서를 제출했다. 또한 스스로 무엇이든 하려고 했다. 다섯 살 때부터 배웠던 바이올린으로 작곡을 했으며 기타도 독학하여 분위기와 장소에 맞춰 연주를 했다. 곡을 쓸 때는 몇 시간이고 방에서 나오지 않았다. 이렇듯 영재 아이들은 스스로 하려고 들고 거기에 몰두한다. 지적으로 빨리 발달되고 빨리 배운다.

명준이는 어릴 때 책을 읽어주면 많은 책 중에서도 부모가 읽어줬던 책을 정확히 가져와서 읽어달라고 했으며 스스로 글을 터득한 후에는 책의 내용을 바꿔서 다른 내용으로 각색하며 놀았다. 또한 게임을 할 때도 규칙을 빠르게 이해했고 전략적인 생각을 잘하여 항상 승리했다. 분석 능력도 비상했다. 초등학생 때 신데렐라를 읽고는 노력 안 하고 게으르게 사는 귀족들의 나태함을 비판하여 지도하는 교사로서 깜짝 놀랐다. 명준이에게 왜 그런 생각을 했는지 물어보니 귀족들끼리 결혼해서 노력 없이 부를 얻는다고 했다. 그뿐만 아니라 비비엘 스쿨에서 다른 아이들과 토론을 할 때도 예리한 분석으로 질문을 하여 다른 아이들을 당황하게 만드는 경우가 많았다.

영재의 판별

영재 교육을 이야기할 때 IQ를 거론하지 않을 수 없다. 아직도 영재 교육 단체에서는 IQ점수로 영재를 판별하기 때문이다. 지능지수가 높으면 영재일 확률이 높지만 머리가 좋다고 반드시 영재는 아니다.

현재 우리나라에서는 주로 웩슬러 지능검사 결과를 사용해 지능검사상 상위 3퍼센트에 속하는 아이들을 영재 교육 대상자로 판별하고 있다. 하지만 지능지수가 높다고 해서 재능이 높은 것은 아니다. 지능은 경험하여 배우는 능력, 사고하고 판단하는 능력, 환경에 적응하는 능력들을 포함해 유전적·환경적 요인에 의해 나타나는 개인의 전체적인 적응 능력으로, 재능과는 약간 다른 개념이다. 재능이 특정한 영역에서의 특별한 능력이라면, 지능은 특히 학습과 관련된 어느 영역에서든 공통으로 나타날 수 있는 일반적인 능력을 의미한다.

이러한 의미에서 특정한 분야에서 뛰어난 능력을 보이는 영재성은 지능의 높고 낮음과는 상관없이 그 분야의 지식이나 기술을 쉽게 받아들이는 능력이 많다는 것을 일컫는다. 물론 지능이 높으면 새로운 지식을 얻거나 이해를 하는 속도가 빠르므로 학습할 때 우수한 능력을 보일 가능성이 높다.

지능이 높을수록 '수재'일 가능성이 높고, 학습에 뛰어난 능력을 갖고 있다. 수재는 대체적으로 지능이 높은 편이고, 기억력이 우수하며 이해력이 뛰어나고 매우 열심히 공부하는 성향이 있다. 그에 반해, 영재라고 해도 반드시 학교 성적이 우수한 것은 아니며, 모범생이 아닐 수도 있다. 모범생이 아니고 학교 성적이 좋지 않다고 해서 아이의 영재성을 무시하거나 실망해서는 안 된다. 학교 성적보다는 창의성을 발휘하여 자기만의 영역을 창출할 가능성을 더욱 중요하게 생각해야 한다.

영재는 지능, 과제 집착력, 창의성이 뛰어나다

"한국의 영재 교육은 지능검사(IQ)를 비롯해 정해진 평가나 시험에서 몇 점을 받는지에 초점이 맞춰져 있습니다. 하지만 점수에만 의존할 경우 자칫 지능 이외에 다른 분야에서 아이가 보일 잠재성을 놓칠 위험이 큽니다. 장기적이고 복잡한 과제를 주고 이를 추진해나가는 방식을 다양한 관점에서 지켜보며 판단해야 합니다. 이 과정에서 학교 교사와 학부모의 평가가 매우 중요합니다." 미국 국립영재연구센터 소장과 백악관 영재양성특별팀 자문위원을 맡은 조지프 렌줄리(Joseph S. Renzulli) 미국 코네티컷 대학교 교수가 건넨 충고다.

렌줄리 교수는 미국 영재 교육의 대부로 꼽힌다. 과거 1970년대 지능검사 하나로 영재 여부를 판별하려 할 때, 그는 과제 집착력과 창의성을 포함한 영재성의 세 고리를 발표해 전 세계인의 주목을 받았다.

지능, 과제 집착력, 창의성, 이 세 가지 영역에서 상위 15퍼센트에 들고 이 중 한 가지 분야에서 상위 2퍼센트에 들어야 영재라는 그의 이론은 현재 학계에서 가장 설득력 있게 받아들여진다.

그는 영재는 성취적 영재와 창의·생산적 영재 두 부류로 나뉜다고 주장한다. 성취적 영재는 흔히 말해 지적 능력이 뛰어난 영재를 말한다. 렌줄리 교수는 "과제 집착력과 창의성이 뛰어난 창의·생산적 영재는 반드시 똑똑한 것은 아니지만 세상을 바꾸는 힘이 있다. 역사적으로 탁월한 업적을 남긴 사람들은 대개 성취적 영재보다는 창의·생산적 영재였다"고 말한다. IQ만을 놓고 영재 여부를 가리는 것은 위험하다는 이야기다. 미국을 비롯해 선진국의 영재 교육 역시 IQ보다는 주어진 프로젝트를 얼마나 창의적이고도 능동적으로 진행하느냐를 중요시하는 방향으로 가고 있다. 점수 위주인 한국의 교육 방식은 창의력 개발에 걸림돌이 될 수 있다. 창의적이고 생산적인 방향으로 영재 교육이 나아가야 한다.

영재 교육은 반드시 필요하다

유전적으로 영재성을 타고났다고 하더라도 자유롭고 창의적인 사고를 할 수 있는 환경이 반드시 갖춰져야 한다. 가정이나 학교 등 교육적 환경에서 나쁜 학습 습관이 들면 영재가 자신의 재능을 발휘할 기회를 놓치는 경우도 많기 때문이다.

그런 점에서 교육적 환경을 조성하기 위한 조기 영재 교육의 필요성이 강조된다. 성적이 뛰어난 학생뿐만 아니라 그렇지 못한 학생에게도 다양한 교육 기회를 일찍부터 제공하여 자신이 가진 영재성을 깨달을 수 있도록 도와줘야 한다. 영재성은 조기에 길러주면 좋지만 어릴 때부터 지나친 사교육 등으로 지나치게 높은 목표와 점수를 정해놓고 압박해서는 안 된다. 억지로 공부를 강요하면 호기심과 창의성이 사라질 수도 있다.

영재 교육의 핵심은 어떤 내용을 가르치느냐가 아니라 어떻게 가르치느냐에 있다. 교육을 제공할 때도 내용적인 측면보다는 교수 방식이 중요하다. 아이들 각자의 학습 스타일과 성향이 다르듯이 가르치는 방법도 달라야 한다는 의미다. 따라서 동일한 방법으로 단순히 문제를 많이 푸는 반복학습을 지양해야 한다. 선행학습, 반복학습보다는 심화학습이 영재 교육의 핵심이다.

영재성을 키우는 대화법

그렇다면 부모나 교사가 아이들의 영재성을 개발하기 위해 할 수 있는 방법은 없을까?

첫째는 아이들이 자신의 관심 분야를 파악할 수 있도록 다양한 경험을 많이 시키는 것이다. 문화생활, 독서, 교구 활동 등 다양한 교육적 자극을 통해 아이들은 지적 자극을 받고 도전 욕구를 얻게 된다.

둘째는 정확한 정답이 없는 주제를 놓고 자연스럽게 대화하는 것이다. 예를 들어 아이와 함께 동물원에 간다면 각종 동물을 직접 보면서 다양한 주제로 자유롭게 이야기하는 것이다. "코끼리는 왜 코가 길까?", "코가 길면 어떤 점이 좋고 또 불편할까?" 등 자유롭게 대화를 이어가는 것이다.

책을 읽을 때는 본문의 내용을 놓고 난상토론을 벌이는 것도 좋다. 예를 들어 주인공의 기분을 미루어 짐작하거나 소설 책을 읽은 후에는 그 뒷이야기를 자유롭게 각색하는 것도 좋다. 다양한 질문에 대답하기 위해 생각하는 과정에서 사고력과 창의력이 생긴다.

Tip 아이의 잠재력을 키우는 영재 육아법 8가지

1. 한 번에 많은 것을 가르치지 않는다.
2. 정서가 안정된 아이로 키운다.
3. 평소 집중력을 길러준다.
4. 호기심 자극 놀이를 한다.
5. 아이가 집중하고 있을 때는 가만히 둔다.
6. 질문은 진지하게 듣고, 즉시 대답해준다.
7. 반복적인 자극을 준다.
8. 자신감을 길러준다.

관계 지능을 높여서
사회성을 키운다

관계도 지능이다

'관계 지능'이란 다른 사람들과 교류하고 그들의 행동을 이해하며 해석하는 능력이다. 관계 지능이 높은 아이는 얼굴 표정, 음성, 몸짓 등을 통해 다양한 종류의 대인관계에 관한 암시를 구분하는 능력이 뛰어나다.

아이들의 공감 능력과 사회성 지능은 IQ 중 비언어성 지능과도 관계가 많다. 비언어성의 지능이 현저히 약한 아이들 중에는 자기중심적 사고로 인해 사회성이 약한 아이들이 많다. 인간관계는 성공과 행복의 초석이 될 수 있다. 자신의 감정과 상대에 대한 연민의 감정을 알고 있는 아이들은 상대의 고통을 이해하기 때문에 쉽게 공격하지 않는다. 이런 아이들은 사고 활동을 서로 공유하며 자신이 해결할 수 없는 문제라고 해서 회피하지 않으며 또래 아이들을 두려워하지도 않는다.

인지적 대인관계 문제해결훈련인 ICPS(I Can Problem Solve) 프로그램은 학교나 집에서 다른 아이들과 어울리는 데 문제가 있는 13세 미만의 아이들과 문제 해결 능력이 필요한 아이들을 위한 프로그램이다. ICPS 기법을 간략하게 정리하면 다음과 같다.

- 상대 의견 존중: 아이들에게 상황이나 사물을 보는 관점이 사람마다 서로 다르다는 것을 일깨워준다.
- 동기 이해: 사람들이 왜 자신이 하고 싶은 일을 하는지 아이들이 성장해가면서 스스로 깨닫게 해준다.
- 대안 모색: 아이들에게 자신이 부딪히는 어떤 상황에서도 심사숙고해서 선택하도록 격려해준다.
- 결과 고려: 아이들 스스로 결과를 예측하도록 도와준다.
- 순차적인 계획 수립: 문제를 해결하는 데 예상치 못한 장애물이 생길 수도 있고 다소 시간이 걸릴 수도 있음을 깨닫게 해준다.

이런 방법을 부모나 교사가 숙지해서 아이들을 도와준다면 아이들이 자신의 감정을 보다 훌륭하게 처리할 수 있을 것이다. 지식을 습득하기 위해 공부를 하듯이 감정에도 훈련이 필요하다. 어른이 된다고 남의 감정을 이해하는 능력이 저절로 생기지는 않는다. 아이들이 어렸을 때부터 감정에 대해 자주 이야기를 하며, 아이들의 감정을 추측해서 말하지 말고 아이들이 직접 자기 감정에 대해서 말할 수 있도록 유도해야 한다.

동생이나 친구들과의 관계에서도 어떤 감정을 느꼈는지 수시로 물어봐야 하고 다툼 중에 느낀 감정을 말할 때는 상대방은 어떻게 느낄 것인지도 물어야 한다. 아이들에게 같은 상황에서 서로 다른 감정이 생기는지 물어보면서 복합적인 감정에 대해서도 생각해보게 한다. 또한 다른 감정으로 생길 수 있는 스트레스를 풀어주기 위해 긍정적인 면을 생각해보도록 한다.

아이들이 제일 많이 이야기하는 고민거리는 친구 관계다. 아이가 학교에서 아이들을 괴롭히거나 못살게 구는 다른 아이의 습관적 행동에 대해 계속 불평한다면 왜 그 아이가 그런 행동을 하며 어떤 기분을 느낄지 자신의 아이에게 물어보라.

갈등은 늘 있는 일이다. 갈등을 통해 아이들은 사회에서 협상하는 방법을 배운다. 갈등이 생겼을 때 아이가 첫 해결안을 제안하면 그 내용이 무엇이든 간에 인정해야 한다. 그리고 다른 방해 없이 생각이 계속 흐르도록 하는 것이 중요하다. "그것도 한 가지 방법이 되겠구나"라고 호응한 후에, 아이가 다른 방법도 생각할 수 있도록 유도한다. 한 가지 이상의 해결안을 생각할 수 있으면 문제를 해결하기 더 쉬워진다. 지금 아이가 생각한다는 것이 제일 중요하므로 생각을 이야기할 수 있도록 해야 한다. 만일 해결안에 칭찬을 하고 싶으면 "잘 생각해냈다"라고 말해야 한다. 좋다 나쁘다 평가하면 다음 생각에 제약을 받는다.

만일 아이가 다른 친구에게 신체적으로나 감정적으로 좋지 않은 영향을 줬을 때 자신은 어떻게 느끼는지를 물어보고 자신뿐만 아니라 다른 사람들이 느끼는 감정에 대해 생각할 수 있도록 도와줘야 한다. 또한 향후의 결과에 비추어 자신의 생각이 좋은지 나쁜지 스스로 평가하게 한다. 그 아이디어가 좋지 않다면 다른 방법을 생각해보도록 한다.

아이와 대화를 할 때는 질문 형식으로 말하고, "나는 네가 좋은 결정을 내릴 수 있을 것이라고 믿는다. 그리고 네가 어떻게 생각하고 느끼든 간에 그것을 존중한다"라는 메시지를 준다. 이 외에도 부모는 아이들이 보여주는 비언어적 암시(표정, 몸짓, 목소리 톤)에 관심을 기울여야 한다. 특히 남자아이는 자신의 감정을 숨기는 경향이 있다. 자녀의 행동에 대한 다양한 이유들을 생각해봐야 한다.

'나 - 메시지'로 아이와 진솔한 대화 나누기

"너는 왜 항상 그 모양이니?", "그렇게 말했는데 아직도 못 알아듣니?" 부모들이 아이를 야단칠 때 흔히 쓰는 표현들이다. 그러나 이런 식으로 야단을 치는 것은 효과적이지 않다. 잘못의 원인과 책임을 아이에게 돌려 아이의 마음과 자존심에 상처를 줄 수 있기 때문이다. 아이의 행동이 바뀌기만 강요할 뿐 부모의 말 하나하나가 아이들에게 큰 영향을 미친다는 사실을 간과한 것이다.

이처럼 '너'를 주어로 상대방을 탓하고 책임을 돌리는 방식의 대화법을 '너-메시지(You-Message)'라고 한다. 아이를 혼낼 때 '너-메시지'를 쓰면, 부모가 잘못한 아이의 행동을 비난하고 아이 자체에 문제가 있다고 쏘아붙이는 꼴이 된다. 심할 경우 부모가 자신의 인격과 자존심을 부정하고 있다고 느끼게 된다. 제일 가까운 부모에게 무시당했다는 생각에 다른 곳에 가서도 자신감을 갖기 어렵다. 자연스럽게 반발감마저 생긴다.

이제부터는 '나-메시지(I-Message)' 대화법을 이용해보자. '나-메시지'는 미국의 심리학자 토머스 고든(Tomas Gordon) 박사가 창시한 '부모 역할 훈련(Parent Effectiveness Training)' 모델 중 하나로 제시한 대화법으로, 상대방의 감정을 상하지 않게 배려하면서 자신이 이야기하고자 하는 내용을 전달하는 의사소통법이다. 부모가 '나'를 주어로 아이에 대해 자신의 감정이나 생각을 솔직하게 표현하는 것이다.

아이의 자존심과 인격을 건드리지 않으면서 아이의 행동 변화를 촉구할 수 있는 것이 '나-메시지'의 핵심이다. '나-메시지'는 상황, 영향, 감정 등 3가지가 포함되어야 한다. 문제가 되는 '상황'을 아이에게 설명한 후에, 그것이 나(부모)에게 어떠한 '영향'을 미쳤는지 말하고, 그것에 대한 부모의 '감정'을 솔직히 표현하는 것이다.

예를 들어 아이가 학교에서 말도 없이 늦게 온 상황을 가정해보자. "왜 말도 없이 늦었어? 도대체 시간관념이 있어 없어? 앞으로 똑바로 해!"라고 말했다면 아이는 듣지도 않을뿐더러 더 심하게 반발하게 될 것이다.

이 말을 행동, 영향, 감정의 세 요소에 맞춘 나-메시지로 바꿔보자.

"학교 끝나고 연락도 없이 집에 돌아오지 않아서(상황) 엄마는 이리저리 널 찾았단다(영향). 네게 혹시 무슨 일이 생긴 건 아닌지 많이 걱정했단다(감정)."

아이를 비난하거나 감정을 상하게 하지 않으면서 아이의 행동 때문에 부모의 감정이 어떻다는 것을 말하는 것이다. 또한 아이가 자신의 행동 때문에 부모의 기분이 상하지 않았는지 스스로 생각해볼 기회를 제공하는 효과도 있다. 아이가 잘못했을 때 인격을 존중하는 태도로 대한다면 거부감 없이 아이의 행동 변화를 유도할 수 있다.

브레인 시프트,
두뇌를 단련하기 위한 조건

'왜(Why)'를 강조하라

미래 인재의 핵심 역량으로 획일화된 교과 점수보다 '창의성'이 각광받고 있다. 그러나 아이의 창의성은 쉽게 드러나지도 않고 평가하기도 어렵다. 아이의 잠재된 창의성을 어떻게 끌어낼 수 있을까?

우리나라 학생들의 학력은 세계적으로 우수하다고 정평이 나 있지만, 학업에 대한 동기와 흥미는 최저 수준이다. 학생들 스스로 지금이 공부를 '왜' 해야 하는지 모르기 때문이다. 수학을 예로 들면, 기본 수학적 개념과 원리를 따지고 들어가는 궁금증을 일상화해야 한다. 수학 문제를 풀 때 "답이 무엇이냐?"고 묻는다면 한 가지 정답만을 요구하는 것이다. 단순 지식만 강조하는 '정답 질문'이다. 인수분해 등

수학 공식을 배울 때 어디에 활용할 수 있는지 생각하지 않으면서, 문제풀이에 어떻게 적용할지에만 관심을 가지는 셈이다. 창의성을 키우려면 답이 왜 그렇게 도출되는지 아이의 생각을 물어야 한다. 그러면 수학 문제를 푸는 과정에서 자연스럽게 창의력이 키워진다.

논리적 근거가 있는 창의성이 필요하다

노벨상 수상자들의 공통점은 바로 '관찰을 통한 탐구'를 일상화했다는 것이다. 아이가 호기심을 갖고 탐구하는 것을 권위주의적으로 억압하지 말아야 한다. 창의성이 발현될 여지를 없애기 때문이다. 다만 아이가 자유롭게 상상의 나래를 펼칠 때 부모는 '논리적 근거'를 강조해야 한다. 단순 상상에 그쳐서는 안 된다. 아이의 상상에 논리적 근거가 갖춰지려면 학교 교육과 창의성이 조화를 이뤄야 한다. 따라서 부모는 자녀가 상상하는 것과 현실성을 연관시켜 생각할 수 있도록 자극해야 한다.

아이와 함께 창의적 체험 활동을 하라

아이들과 체험 활동을 한다면, 체험하기 전에 사전 기획이나 방향 설정 때부터 부모가 적극적으로 함께해야 한다. 예를 들어 자녀가 박물관 탐방을 간다면, 유물에 관련된 사전 조사와 탐방에서 느낀 점 정리, 토론과 소감문 작성까지 이어질 수 있도록 부모가 유도해야 한다.

창의성은 올바른 인성의 틀 속에서 발휘될 때 경쟁력이 생긴다. 타인을 배려하고 긍정적 자아를 지닌 올바른 인성을 갖춰야 독불장군식의 리더십이 아닌 악단의 지휘자 같은 리더십이 발휘되는 것이다. 그런 점에서 이제는 브레인 시프트를 할 때다.

Tip 브레인 시프트를 위한 조건

1. 끈기 있게 풀어보자.
2. 해답을 먼저 보지 마라.
3. 생각하고 생각하고 또 생각하자.
4. 문제풀이나 교구 활동 자체를 즐겨라.
5. 답을 조급하게 내려 하지 마라.
6. 최대한 양손을 사용하라.
7. 아무리 해도 풀리지 않을 때는 일단 포기하라.
8. 무리한 계획을 세우지 마라.
9. 형식에 얽매이지 마라.

2부

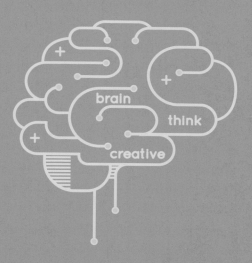

좌뇌와 우뇌를 통합
발달시키는 두뇌 훈련법

1장

아이의
뇌를 읽어라

뇌의 터전을 만들고
아이의 미래를 구상하라

신경 발달 기능에 이상이 생기면 학업 능력이 떨어진다

우리의 머리는 여러 신경 발달 기능을 이용해 특정한 기술을 배우고, 특정한 산출물을 만들어낸다. 신경 발달 기능의 종류는 헤아릴 수 없을 정도이며, 그중 학업에 필요한 여러 기능을 다양하게 조합하는 경우의 수는 헤아릴 수 없이 많다. 비비엘 스쿨에 다니는 많은 아이들은 다양하고 특별한 자신만의 색채를 지니고 있으나 특정한 영역에서 신경 발달 기능에 이상 증세를 보이는 경우가 있다.

수영이는 머리도 똑똑하고 사교성도 좋아서 항상 아이들과 함께 장난치며 잘 지낸다. 아이들은 재미있는 놀이를 잘 만들어내는 수영이를 재미있어한다. 그러나 수영이는 잠시도 가만히 있지 못하고 학습에 집중하는 시간도 짧다. 머리가 좋지만 시험 결과는 항상 실수로 인해 평균 수준에 그치고 만다. 학교에서도 혼나는 것이 일상사가 되어 선생님의 질책은 아무렇지도 않게 받아들인다. 아이들과 싸움이 벌어질 때도 '때리면 같이 때리면 된다'라는 식으로 반응한다. 가장 큰 문제는 상대방의 감정을 고려하지 못하며 자신의 감정도 다 흘려보내 잊어버리려 한다는 것이다. 고학년이 된 수영이는 이제 조금씩 주변에 대한 불만이 쌓이고 있다. 주변의 질타가 억울하게 느껴지면서 사회에 대한 부정적인 생각이 생기는 것이다.

반면에 진수는 수업시간 내내 가만히 앉아 있지만, 학습 결과가 현저히 떨어지며 속도가 너무 느리다. 수업시간의 반 이상은 공상에 잠기거나 멍한 상태로 있는 것이다. 학교에서는 아무런 문제가 없는 듯하지만 수행평가를 할 때나 급식을 먹을 때도 항상 시간이 모자라서 반도 못 끝내며 고학년에 올라가서도 아이들에게 유아 취급을 받고 있고, 본인 또한 유아적 행동에서 벗어나지 않으려 한다.

두 아이 모두 주의력 조절계의 이상이다. 주의 산만은 정신피로의 일종으로, 이런 아이들은 뇌의 피로를 쉽게 느끼므로 오랜 시간을 집중하기 힘들어한다.

또 다른 신경 발달 기능 이상으로, 말할 때 딱 들어맞는 낱말을 찾지 못해 애를 먹거나, 글을 읽을 때 소리, 문자, 기호 사이의 연관 관계를 기억하지 못하거나, 복잡한 문장을 이해해서 지시 사항을 빠르고 정확하게 실행에 옮기는 데 어려움을 느끼는 아이들도 있다. 이런 결함이 있으면 학습이 저하된다.

아이의 뇌를 읽어라 - 8가지 신경 발달 기능

인간의 뇌에는 신경 연결고리인 시냅스(synapse)가 대략 30조 개가 있다. 이 시냅스에 따라 신경이 밀접하게 연결되기도 하고 단절되기도 하며 잘못 연결되기도 한다. 8가지 신경 발달 기능의 각 영역은 주의력 조절, 기억, 언어, 순서정렬, 공간정렬, 운동, 고등 사고, 사회적 사고다.

주의력 조절

앞서 말한 수영이가 주의 산만의 대표적인 사례다. 한 가지 일을 하면서 동시에 서너 가지 생각을 하며 들려오는 소리와 보이는 곳에 다 신경을 쓰면서도 정작 자기가 하는 일에는 집중하지 못한다.

주의력은 학습과 행동을 조절하는 정신의 지휘자다. 주의력 조절 능력은 뇌에서 정신 에너지 공급을 감독하며 시작한 일을 끝까지 마무리하고 깨어 있는 동안 적절한 긴장을 유지하도록 한다. 또한 생각의 속도를 조절하여 주어진 과제를 위해 계획을 짜고, 완벽하고 효율적으로 일을 마무리할 수 있게 한다. 주의를 집중하는 아이들은 정신을 산만하게 하는 요소들을 배제시키고 자신의 일에 몰두한다.

기억

기억은 매우 복잡한 활동으로 기억하려는 내용에 따라 무수한 작은 영역들이 관계한다. 이해력은 뛰어난데 기억력이 부족해 똑똑하면서도 낙오자가 되는 학생들도 무수히 많으며, 단지 기계적인 암기력이 우수해서 학교생활을 수월하게 하는 학생들도 제법 많다. 하지만 단순히 암기력이 우수한 아이들은 어른이 되어 기억력이 별로 중요하지 않은 사회생활을 할 때는 성공할 확률이 훨씬 줄어든다.

언어

학습에 필요한 언어능력에는 서로 다른 말소리를 쉽게 구별하는 능력, 새로운 낱말을 이해하고 기억하며 사용하는 능력, 말이나 글로 자신의 생각을 표현하는 능력, 아주 빠르게 스쳐 지나가는 구두 설명이나 지시 사항을 빠르게 파악하는 능력 등이 있다. 언어 감각이 뛰어난 아이들은 외국어 공부뿐 아니라 전반적으로 학업 성취도가 높다.

순서정렬

특정한 순서에 따라 머릿속에 들어오기도 하고 나가기도 하는 정보를 다루는 능력이 순서정렬이다. 순서정렬은 시간을 관리하고 이해하며, 이를 측정하고 할당하는 등 시간의 흐름을 지각하는 데 기초가 된다. 좀 더 높은 차원으로 올라가면 순서정렬은 여러 형태의 추론과도 관계되는데, 이는 도형의 증명에서 두드러지게 나타난다. 이차방정식의 양변을 맞추는 것에서부터 선거 절차, 주요 사건의 발생 순서, 전화번호에 이르기까지 순서가 개입된 정보의 종류는 다양하다.

공간정렬

공간정렬은 눈과 뇌 사이의 폐쇄회로가 원활하게 돌아가서 서로 다른 유형을 식별해 대상을 구분하도록 설계된 회로다. 우리가 책을 읽고 특정한 장면을 상상하거나 미술 시간에 만들기의 제작 과정을 마음속에 그려보는 것도 공간정렬 감각 덕분이다. 또한 형태, 시각적 유형, 배열 등에 따라 정보를 받아들이고 창조하며 공간정렬을 통해 사물의 각 부분이 어떻게 짜맞춰지는지를 지각한다.

공간정렬 덕분에 사물의 모양이나 상대적 위치 등을 인식할 뿐 아니라 특정 글자나 도형, 사람의 얼굴 생김새 같은 일정한 형태를 인식한다. 여러 가지 물건들을 정리하거나 책상 정리 등 여러 도구를 정리할 때도 공간정렬이 필요하다. 신발을 바꿔 신는 일, 물건을 어디에 뒀는지 전혀 기억하지 못하거나 수시로 옷을 뒤집어 입는 일 등은 공간정렬 감각이 부족해서 생기는 문제들이다.

운동

운동은 뇌와 온몸에 퍼져 있는 여러 근육 사이를 팽팽하게 연결하는 매우 정교하고 복잡한 그물망을 관장한다. 각 운동에 대한 재능이나, 글자 쓰기, 바이올린 연주, 젓가락 및 가위질 하는 능력도 모두 운동신경과 관계된다. 운동신경이 발달한 아이들은 주변 아이들의 부러움을 받으며 대체로 자신감을 갖는다.

고등 사고

고등 사고는 우리의 사고능력 중에서 가장 상위의 개념이자 가장 뛰어난 능력이다. 시의 상징체계를 해독하거나 이차방정식에 나오는 기호들을 이해할 때 논설의 관점을 정확히 파악할 때도 고등 사고계의 영향을 받는다. 고등 사고 능력에는 논리적으로 추론하고 문제를 해결하는 능력, 개념을 형성하고 사용하는 능력, 특정한 법칙이 언제 어떻게 작용되는지를 이해하는 능력, 복잡한 개념의 핵심을 찾아내는 능력 등이 포함된다. 또한 비판적이고 창의적인 사고와도 관계가 있다. 속도와 가속도의 차이, 전도체에 나타나는 전기저항의 의미, 정전기 현상 등 물리를 이해하기 위해서는 고등 사고 능력이 필요하다.

사회적 사고

학교생활의 핵심은 친구들과의 사교 능력이다. 어떤 아이는 선천적으로 사교성이 뛰어나 친구들을 잘 사귀고 평판이 좋은가 하면, 어떤 아이는 친구 사귀는 방법을 따로 배워야 한다. 이런 아이들은 친구를 새로 사귀거나 친구와의 관계를 유지하는 데 서툴 뿐 아니라 협동심을 발휘해 단체로 일을 할 때나 친구들과 격렬한 싸움이 일어났을 때 능숙하게 대처하지 못한다. 대인관계가 원만하지 못한 학생은 따돌림이나 괴로움을 맛보면서 날마다 수치심을 느끼며 살아야 한다. 결국 학교나 직장에서 외로운 존재가 되기 쉽다.

아이들의 두뇌에서 신경 발달 기능들은 서로 힘을 합쳐 성공적으로 일을 수행한다. 기억력은 언어와 짝을 이루어 노랫말을 기억하며, 주의력은 대근육 운동과 함께 공을 맞힌다. 무엇보다 명심해야 할 것은 신경 발달 기능은 사용하지 않을수록 급격히 퇴화된다는 사실이다.

주의력 조절 – 정신세계를 관리한다

집중력이 좋은 아이로 키워라

주의력 조절 기능은 이미 아기 때부터 사용하기 시작하는 능력이다. 어린 아기가 엄마의 얼굴을 빤히 쳐다보거나 모빌 등에 시선을 맞추며 오래도록 바라보는 행위가 주의력을 조절해 집중력을 사용하는 때다. 눈을 뜨고 있는 동안에는 항상 주의력 조절 기능이 작용한다. 숙제를 할 때도, 축구경기에서 규칙을 지킬 때도, 운동장에서 친구들과 사이 좋게 행동할 때도 모두 적당히 통제되고 합리적이며 효율적인 방법을 생각하며 집중해야 한다.

정신 에너지를 조절하는 기능은 유아기 시절에 가장 빠르게 발달하며, 초등학교에 들어갈 시기에는 자신의 정신 에너지를 어느 정도 통제할 수 있어야 한다. 즉 잠자는 시간에는 확실히 잠을 자고, 깨어 있는 시간에는 확실히 깨어 있어야 한다. 그래야 학교에서 정신을 집중해서 힘이 들어도 수업시간을 견뎌낸다.

유치원생이나 초등 1학년생들은 주변에서 소리만 나도 정신을 빼앗기거나 옆자리 친구와 장난을 한다. 그러나 이런 주변 상황을 조절하는 능력은 초등학교 시절에 급격히 향상된다. 2학년이 되면 어느 정도 의지력이 발휘되어 충동을 잠시 억제하며 꼭 해야 하는 일을 할 수 있어야 한다. 초등학교 고학년쯤 되면 욕구를 억제하거나 미루는 데도 단련이 되어 유치원 때처럼 충동적으로 행동하지 않아야 한다. 초등학교 6학년 정도가 되면 오랫동안 주의를 집중하다가도 새로운 주제로 옮겨가기가 훨씬 수월해진다. 하지만 더 어린아이는 일정 시간 주의를 집중하기도 어려울뿐더러 주의를 빨리 다른 곳으로 옮기기도 어렵다.

사춘기나 사춘기 직후가 되면 생각, 의사 결정, 정보 출력의 속도를 조절하는 출력 조절 능력이 가장 성숙한다. 청소년 발달 과정에서 핵심인 출력 조절 속도는 아이가 커갈수록 점점 느려져야 한다. 다시 말해 머리를 천천히 쓰면서 충동에 따라 머릿속에 가장 먼저 떠오른 생각을 따르기보다는 시간을 갖고 깊이 생각한 후에 행동에 옮겨야 한다. 그러나 현재 고등학교 교육과정은 빠르게 쓰고, 빠르게 생각하고, 그 자리에서 암기하고, 제한 시간 안에 전속력으로 달리기하듯 시험 문제를 풀어야 하며 마감 시간을 맞춰야 한다. 이것은 두뇌가 발전하는 방향과 정반대다.

부모는 아이의 생각하는 속도, 앞을 내다보는 능력, 대안을 생각해내는 자질 등을 살펴보고 머릿속에서 정보를 출력하는 데 과거의 경험을 얼마나 활용하는지도 잘 관찰해야 한다.

주의력 조절 기능에 문제가 있을 때 아이가 행동을 조절하지 못할 가능성이 매우 높다. 즉 말을 안 듣는 아이라고 나무랄 게 아니라 주의력 조절 측면에서 설명하고, 바로잡아야 할 부분을 정확히 짚어주며, 아이가 어떤 노력을 해야 할지 판단할 수 있게 해야 한다. 예를 들어 보고서를 쓴다고 해보자. 다음과 같이 구체적으로 가르쳐줘야 한다.

- 어떤 내용이 포함되어야 하는지를 생각한다(미리 보기).
- 주제에 포함할 내용과 제외할 내용을 선택한다(선택 조절).
- 보고서를 완성할 시간을 생각해본다(속도 조절).
- 완성 후에는 처음 계획과 완성된 보고서를 비교한다(질 조절).
- 더 첨가하면 좋을 것 같은 사실이나 경험을 적는다(과거의 지식을 이용한 강화 조절).

주의력 결핍은 여러 기능 이상들의 집합인 경우가 많다. 따라서 아이에게서 주의력 조절 문제를 발견했을 때는 언어 결함이 있는지, 기억력이 약한지, 친구와의 사회적 관계는 좋은지 등을 함께 살펴봐야 한다.

사람들은 주의력 조절이 잘 안 되는 아이를 게으르다거나 부정적인 태도를 가졌다거나 그저 못된 아이라고 생각한다. 아이들에게 필요한 것은 이해와 도움이다. 부족한 부분을 하나씩 지도해주면 된다. 조금씩 변하는 과정에서 성취감을 느낄 때 아이 스스로 상황에 대처하려는 의욕을 보이면서 서서히 개선된다.

　주의력 조절 기능은 단지 한 가지 일에 집중하고 관심을 가지는 것만을 말하는 것이 아니다. 어떤 일에 집중하게 되면 더 깊이 사고하고 응용할 수 있기 때문에 주의력은 영재가 되기 위한 기본 요소다. 아이가 흥미를 보이는 한 가지 놀이를 지속적으로 반복했을 때 얻을 수 있는 것으로, 아이 눈앞에 모빌을 달아주는 것이 주의력 훈련의 시작이다.

생활 속 주의력 자극법

아이가 집중할 수 있는 환경을 만든다

　아이의 집중력 향상에도 오감 자극은 필수적이다. 그렇다고 아이에게 자극이 많으면 많을수록 좋다고 생각하는 것도 좋지 않다. 오디오와 비디오를 모두 틀어놓고 아이에게 책을 읽어준다거나 책을 읽다가 음악을 들어보게 하는 일은 오히려 아이를 산만하게 만들기 쉽다. 아이가 한 가지 일에 몰두할 수 있도록 집안 환경을 만드는 것이 중요하다. 또한 책상이나 정면의 벽은 깔끔하게 정돈되어 있는 것이 좋다.

아이가 좋아하는 놀이를 반복한다

　여러 가지 놀이를 해보는 것도 좋지만 아이가 흥미를 보이는 놀이를 지속적으로 해주는 것이 집중력 향상에 효과적이다. 우선 아이가 좋아하는 놀이를 파악한 후 마음껏 해보도록 하게 한다. 아이가 그 놀이에 익숙해졌다면 다른 방법으로 응용해본다.

단순한 놀이는 피한다

집중력을 키우기 위해서는 단순한 놀이나 신체 놀이보다는 아이에게 생각할 시간이 필요하거나 작업 시간이 필요한 놀이가 좋다. 만들기나 맞추기 등이 그런 놀이에 속한다.

익숙해진 장난감은 바꿔준다

새로운 것에 자극을 받을 수 있도록 아이의 놀잇감에도 항상 변화를 준다. 엄마가 직접 재활용 놀잇감을 만들어 창의성을 발휘해보는 것도 아이의 호기심을 자극하는 데 도움이 된다.

집중 시간을 조금씩 늘린다

호기심 많은 아이일수록 산만하게 느껴지기도 한다. 아이가 산만하다고 억지로 시키기보다는 아이의 평균 집중 시간을 확인한 후 처음에는 5분, 그다음은 10분으로 집중 시간을 늘리도록 한다. 한 달이나 두 달 단위로 시간을 조금씩 늘리고 집중이 잘되는 시간에 학습하도록 한다.

칭찬을 자주 한다

칭찬을 많이 받은 아이일수록 집중력이 높고 성취욕도 크다. 칭찬

받고 싶은 욕구에 어떤 일에 더욱 몰두하기 때문이다. 그림을 잘 그렸으면 칭찬을 해준 후에 아이 방에 그림을 걸어주고, 한 가지 장난감을 오랫동안 가지고 놀았을 때도 아낌없이 격려해주자. 머리 쓰다듬기, 뽀뽀하기, 미소 짓기 등은 아이들이 특히 좋아하는 칭찬 방법이다. 이때 결과보다는 노력한 과정을 칭찬해야 한다.

아침 식사는 반드시 챙겨 먹인다

한창 성장기에 있는 아이에게 아침 식사는 필수다. 아침을 꼬박꼬박 먹으면 뇌에 충분한 에너지가 공급되고 신체 리듬이 안정되어 집중력과 학습 능력의 향상에 도움이 된다. 아침을 거르면 에너지원의 부족으로 뇌의 활동이 둔해지고 발달에 안 좋은 영향을 준다.

자극적인 음식은 피한다

아이에게 설탕이 많이 들어 있는 음식을 먹이면, 정신활동이 오히려 과도해져 산만해지거나 충동적인 행동을 하게 된다. 카페인이 함유된 탄산음료, 짜고 매운 음식, 인공조미료 등도 사람의 신경을 흥분시키고 산만하게 만들어 아이에게는 적당하지 않다.

30분 이상 집중해 함께 놀아준다

아이와 놀아줄 때는 적어도 30분 이상 아이와의 놀이에만 집중하도록 한다. 아이와 놀면서 집안일을 하거나 수시로 다른 일을 병행하는 행동은 하지 않는다. 아이와 시작한 놀이는 가능하면 끝까지 함께한다.

책 한 권을 끝까지 읽어준다

책은 가능하면 한 권을 끝까지 읽어주는 것이 좋다. 책의 내용이 아이가 집중할 수 있는 시간보다 길지 않은 것을 택한다. 책을 읽는 중에 아이가 짜증을 내거나 더 이상 집중하지 않을 때는 무리하게 읽기를 강요하지 않는 것이 좋다. 글자를 습득한 후에는 혼자서 책을 보도록 하며, 같은 책을 여러 번 봐도 책 보는 것을 독려해야 한다.

외출할 때 아이가 할 일을 만든다

아이와 외출을 할 때도 아이가 읽을 책이나 아이가 가지고 놀 수 있는 장난감을 준비해서 아이가 자투리 시간에도 집중할 수 있는 소일거리를 만들어준다.

아이의 활동에 너무 간섭하지 않는다

아이가 그림을 열심히 그리고 있을 때 아이를 불러서 다른 일을 하게 하거나, 장소를 옮기도록 하거나, 엄마가 옆에서 그림을 대신 그려서 완성하게 하는 행동은 오히려 방해가 될 뿐이다. 아이에게 충분한 시간을 주었는데도 잘하지 못하는 경우에만 아이 스스로 속도를 조절하거나 일을 마무리할 수 있도록 해야 한다. 7세 이후부터는 스스로 공부하고 자신의 일을 스스로 할 수 있도록 지도해야 한다.

손을 많이 사용하도록 한다

유아기 때는 구멍이 큰 구슬에 실을 통과시켜 목걸이를 만들어보게 한다. 아이가 집중해서 구슬을 꿰는 일에 익숙해지면 점점 구멍이 작은 물건으로 바꿔본다. 초등학생 이후에는 종이접기나 매듭 놀이 등 손으로 하는 공예품을 만들게 한다. 아이와 실뜨기 놀이를 하는 것도 좋다. 실뜨기로 여러 모양을 만들면서 어떻게 하면 좋은 결과가 나올지 이야기하며 놀이에 참여시키면 집중하게 된다.

퍼즐 맞추기나 고리 넣기를 해본다

네모, 세모, 동그라미 등의 모양을 끼워 맞추는 퍼즐 놀이나 연령에 맞는 퍼즐 놀이는 선택적 집중력을 키운다.

어느 정도 거리를 두고 목표 지점에 고리를 던져넣거나 자신이 원하는 위치에 착지할 수 있는 물건을 던진다. 아이가 게임에 익숙해지면 목표 지점과의 거리를 점점 더 멀리 한다. 원하는 지점에 고리를 넣거나 물건을 놓기 위해 게임에 집중하게 된다.

기억 – 정보를 입력하고 출력한다

기억력의 중요성

기억력은 사람의 대뇌가 경험했던 사물을 저장하고 또다시 떠올리는 능력이다. 즉 필요한 물건을 서랍에서 다시 찾아 쓰는 것과 같은 원리다. 학습의 가장 기본적인 요소인 듣기, 말하기, 쓰기, 읽기, 셈하기 등은 기본적인 학습활동의 바탕이 되기도 한다.

기억력은 엄마 배 속에서부터 발달하기 시작하지만 유전이 아니라 주로 후천적인 노력에 의해 얻어지며, 만 2세까지 빠르게 성장한다. 기억력을 발달시키기 위한 가장 효과적인 방법은 반복학습으로 아이가 대상에 대해 흥미를 잃지 않도록 꾸준히 자극하는 것이다.

배운 내용을 기억하지 못한다면 학습을 하는 의미가 전혀 없다. 예전의 경험을 토대로 하여 앞으로 일어날 일에 대해 미리 예측하거나 상상할 수 있으며, 어떻게 그런 결과가 나오는지에 대한 분석력도 갖게 된다. 자신에게 필요한 정보를 저장하고 있다가 필요할 때 꺼내서 응용할 수 있는 능력을 기르면서 스스로 정보를 다룰 줄 알게 된다.

단기기억, 능동기억, 장기기억

'기억'은 다양한 부분에 작용하는 복잡한 활용으로 두뇌 여러 곳에서 그 기능을 수행한다. 학교에서 좋은 성적을 얻기 위해서는 무엇보다도 광범위하고 강도 높은 기억력이 필요하다. 문제풀이, 철자, 역사적인 날짜, 외국어 단어, 화학기호 등을 기억해야 시험공부를 할 수 있기 때문이다.

기억에는 단기기억, 능동기억, 장기기억이 있다. 단기기억은 새로운 정보를 (약 3~5초 정도의) 아주 짧은 시간 동안 머리에 담아두는 기억이며, 장기기억은 지식을 영원히 담아두는 창고로 컴퓨터의 하드드라이브에 해당한다. 아이들은 능동기억에도 정보를 담는데 이 기억은 단기기억과 장기기억 중간에 해당한다. 능동기억은 몇 초나 몇 분 또는 몇 시간 동안 머무는 기억으로 지금 막 행동에 옮기려고 마음에 담아둔 여러 가지 요소들을 일시적으로 저장하는 기억이다.

단기기억

'단기기억'을 높이려면 기억의 시간을 연장해야 한다. 두뇌에 들어

온 정보를 작은 목소리로 속삭인다거나, 눈으로 그림을 그리거나, 시각적인 정보를 말로 표현하는 방법을 활용하면 좀 더 오래 기억할 수 있게 된다. 또한 단기기억에는 요약하고 재구성하는 과정이 필수적이다. 이 과정을 통해 아이들은 긴 단락을 짧게 만든다. 어느 수업에서나 가장 유능한 학생은 자신에게 들어오는 정보를 잘 요약하는 학생일 것이다. 그런 점에서, "방금 말한 내용은 무척 긴데 한번 줄여서 말해보겠니? 우리가 기억하기 좋도록 말이야" 하며 자녀들과 바꿔 말하기를 연습하면 좋다. 아이에게 그날 배운 내용과 겪은 일을 요약하고 재구성하는 연습을 시키는 것은 아주 좋은 학습 훈련이다.

다음은 아이의 단기기억을 점검하는 데 지침이 되는 질문들이다.

- 정보를 효과적으로 재구성하는가? 바꿔 말하기나 요약하기를 할 수 있는가? 기억하기 쉽도록 마음속에 그림을 그릴 수 있는가?
- 단기기억에 정보를 좀 더 오래 담아두기 위한 전략(연상작용, 시각화, 혼잣말로 중얼거리기, 개사하기 등)을 구사하는가?
- 다양한 형태의 정보들을 단기기억에 저장할 수 있는가? 순서 정보나 공간 정보, 구두 정보, 그 외의 서로 다른 형태의 정보를 받아들일 때 특별히 어려움을 겪는 정보 형태가 있는가?
- 정보가 빠른 속도로 주어질 때 어려워하지는 않는가?

부모들이 알아야 할 또 다른 중요한 문제는 아이에게 '한 귀로 듣고 한 귀로 흘리는' 습성이 있는지 살펴봐야 한다는 것이다. 이는 단기기억력을 떨어뜨리는 행동으로, 단기기억과 주의력 조절 기능은 밀접하게 관련되어 있다.

능동기억

'능동기억'은 어떤 행동을 하기까지 수많은 의도와 수많은 행동 요소를 저장하는 곳이다. 예를 들어 갈색 구두를 꺼내려고 신발장으로 갔는데 신발장 앞에 서서 왜 그곳에 왔는지 전혀 기억하지 못한다면 능동기억에 문제가 있다고 봐야 한다.

능동기억은 네 가지 특별한 임무를 수행한다.

첫 번째, 어떤 설명을 들으면서 설명의 앞부분을 계속 기억에 담아 두는 일이다.

두 번째, 못을 박으면서 망치를 어디에 뒀는지 기억하는 것처럼 어떤 일을 할 때 각 부분을 한곳으로 묶어 기억하는 체계를 만든다.

세 번째, 질문을 받았을 때 답을 찾느라 기억을 더듬는 동안 질문 내용을 기억하는 것처럼, 단기기억과 장기기억이 만나는 장소를 제공한다.

네 번째, 슈퍼에 가는 길에 제과점에 들르더라도 슈퍼에서 야채를 사야 한다는 사실을 잊지 않는 것처럼, 빠르게 계획을 세우고 애초의 행동 목적을 저장하는 장소를 제공한다.

능동기억은 머리가 편안해야 잘 돌아간다. 그러므로 실수에 대한 두려움이나 결과에 상관없이 짧게 짧게 주의력을 환기시키며 기억을 유지할 수 있도록 훈련해야 한다.

장기기억

'장기기억'은 지식과 기술과 삶의 경험을 저장하는 저장고다. 사람들은 평생을 이 거대한 저장고에 의지하며 산다. 장기기억에서는 정보를 나중에 찾기 좋도록 체계적으로 저장하는 것이 관건이다. 결국 장기기억은 '철하기'와 '접근'이라는 두 가지 요소로 구성된다.

'철하기'란 정보를 장기기억 저장고에 체계적으로 넣는 것을 말하고, '접근'이란 저장된 정보가 어디에 있는지 찾아내는 과정을 말한다. 이렇게 저장된 장기기억을 다시 적절하게 다시 찾아낼 때는 '회상'과 '재인'을 통해서 한다. 회상은 필요한 기술이나 지식을 덩어리째 기억해내는 과정이며, 재인은 어떤 정보나 어떤 특정한 유형과 마주쳤을 때 전에 보았던 것임을 기억해내는 능력이다.

아이들은 하루도 쉬지 않고 기억력을 사용하지만 아이도 부모도 기억의 원리에 관해서는 전혀 교육받지 않는다. 이것은 마치 운전 교습을 받지 않고 차를 모는 것과 같다. 부모나 교사는 우선 기억에 관해 더 많이 공부해야 하고 그 지식을 아이들에게도 가르치며 기억력을 향상시킬 수 있도록 지도해야 한다.

기억력 향상을 위해 다음과 같이 교육한다.

- 작문, 철자법, 수학 시험은 기억력을 많이 요구하는 학습으로, 이 분야를 꾸준히 연습하다 보면 기억력도 좋아진다. 그러나 이해력과 암기력 사이에 균형을 맞춰야 한다. 중고등학교에서는 자신의 생각을 여러 페이지에 써보는 기회를 가져야 한다.

- 장기기억이 가장 잘 정리되는 시간은 잠자기 직전이다. 공부를 하고 나서 친구에게 전화를 걸어서는 안 되고, 전화를 먼저 한 다음에 공부를 하고 잠자리에 드는 게 좋다. 이것이 공부 내용을 기억에 저장하는 최적의 순서다. 또한 오래 기억할 수 있는 방법으로, 소그룹을 만들어 수업 종료 전 10분 정도 배운 내용을 이야기해보는 것도 좋다.

- 아이들에게 "이것을 어떻게 기억하면 좋을까?"라는 질문을 던지면서, 기억을 잘하기 위해 의도적으로 계획을 세우게 한다. 시험 전에 공부 시간표를 짜보게 하는 것을 비롯하여 어떤 자료를 공부할 계획인지, 정보를 어떻게 정리해서 기억할 것인지, 어떤 방법으로 공부할지를 적은 학습 계획표를 짜보도록 한다. 방학 계획표나 여행 계획표 등도 스스로 짜도록 하면 사회생활에서도 유용하게 활용할 수 있다.

- 정보를 암기하는 가장 좋은 방법은 그 정보를 어떤 방법으로든 변화시키는 것이다. 시각적 정보는 구두 정보로 바꾸고, 구두 정보는 그림이나 도표로 표현해본다. 목록, 도표, 그림 등을 다양하게 활용해서 정보를 단순하게 흡수하지 않도록 한다. 마인드맵 기법도 기억력에 유용한 도구가 된다.

- 회상과 재인은 자주 사용할수록 향상된다. 하루의 일과나 공부 내용을 종이에 기록하면서 배운 내용을 끄집어내는 훈련은 아주 유용하다.

- 머릿속에서 암산으로 해보는 것, 상대방의 이야기를 붙여서 문장

을 만들며 기억하는 놀이(예를 들어 'oo가라사대' 놀이) 등은 능동기억에 도움을 준다. 책을 읽으면서 밑줄을 긋거나 표시한 후에 녹음기를 앞에 놓고 말로 요약하는 것도 좋은 방법이다.

기억력을 기르는 생활 놀이

우리 집에는 어떤 물건들이 있나

집의 곳곳에 있는 사물들에 대해서 말해보고 아이가 보지 못한 물건에 대해서도 짚어보게 한다. 엄마가 집 안에 있는 물건들을 바구니에 숨기고 "어디에 있던 물건이더라?" 하면서 아이에게 그 물건이 있던 자리를 기억하게 한다. 집 안의 사물을 관찰하며 용도나 위치에 대해 다시 한 번 생각해볼 수 있다.

인형 자리 바꾸기

아이가 좋아하는 인형을 서너 개 정도 준비한다. 아이와 함께 인형의 자리를 정한 후에 아이와 어떤 순서로 인형이 놓여 있는지를 확인하는 시간을 갖는다. 그 후에 아이에게 눈을 감게 하고 엄마가 인형의 자리를 바꾸고, 아이에게 원래 자리를 기억해 인형을 원위치에 놓도록 시킨다. 이 간단한 놀이를 통해 집중력과 기억력을 발달시킬 수 있다.

무슨 선물일까

아이가 좋아할 만한 선물을 상자에 넣어 준비하고, 선물의 모양이나 맛에 관해 힌트를 준다. 또는 아이에게 눈을 감고 상자 안에 손을 집어넣어 만져보고 무엇인지 알아맞히게 한다. 아이는 엄마의 설명을 통해 어떤 것인지 추측해보고 자신의 경험을 통해 기억해낼 수 있다.

바구니에 무엇이 들었을까

엄마는 여러 과일과 물건들을 바구니에 담아 잠깐 동안만 아이에게 보여준 뒤 다시 덮고, "무엇이 있었는지 기억할 수 있겠니?"라고 묻는다. 아이에게 기억나는 것을 말하게 하고, 바구니를 열어본다. 짧은 시간 동안 집중력을 길러 기억 용량을 늘릴 수 있도록 도와준다.

동화 구연

엄마는 아이가 좋아하는 동화의 등장인물들을 손가락 인형으로 만들어 동화를 들려준다. 아이가 기억하기 쉽게 반복적인 대사를 한 가지 정도 넣어 리듬감 있게 들려주는 것이 좋다. 동화에 등장하는 인물을 이해하고 전체 내용을 잘 기억하게 된다.

Tip 생활 속에서 기억력 향상을 위해서 해야 할 일

1. 균형 잡힌 식사를 한다.
2. 하루 8시간 이상 충분히 잔다.
3. 하루 30분씩 규칙적으로 운동한다.
4. 전자파에 노출되지 않도록 주의한다.
5. 오감을 이용하여 자극한다.
6. 아이에게 끊임없이 질문한다.

언어 – 듣기, 말하기, 읽기, 쓰기를 관장한다

'언어'는 모든 의사소통의 매개체이며, 읽기, 철자법, 수학, 작문에서도 없어서는 안 될 요소다. 언어는 기억의 친밀한 동반자이며, 특정한 사실과 생각을 말로 옮기며 중요한 개념을 형성하는 원재료다. 언어를 효과적으로 사용하는 것은 친구 관계나 사회생활의 중요한 요인이다.

아이의 성장에 따른 언어기능의 발달 과정을 살펴보면, 유치원에서 초등 2학년까지는 음운론이 발달한다. 운율에 흥미를 느끼고, 읽기를 통해 말을 해독하는 기술을 습득하기 시작하면서 아이들은 음운 감각을 서서히 알아간다. 소리 체계에 뛰어난 감각을 보이는 아이들은 읽기와 철자법을 전혀 어렵지 않게 익힌다.

2학년에서 5학년 동안에는 지시 사항을 따르고, 질문을 이해하고, 다양한 문장들을 완벽히 구사하는 언어능력이 향상되어야 한다. 아이들은 이 시기 동안 문장을 잘 이해하고 잘 만들어내는지 세심하게 관찰해야 한다. 소리 체계에 대한 이해력과 문장 구사력이 완벽한 아이들은 읽기를 좋아하고 글에서 많은 의미를 끌어낼 줄 안다. 5학년이 되면서 언어 구사력이 뛰어난 아이들은 글을 읽으면서 새로운 정보를 효과적으로 얻을 수 있다.

중학교에서는 강의, 구두 설명, 글의 단락, 책의 내용 등이 길고 복잡해지면서 새로운 단어들이 쏟아져나온다. '유리수', '음수율' 등의 수학 용어들이 등장하고 아이들은 머릿속에 이런 용어들을 저장해야 한다.

고등학생이 되면 더욱 잘 다듬어진 고급 언어기능을 적극적으로 이용해야 한다. 이때는 언어 구사력을 정밀하게 이용하면서 추상적이고 전문적인 개념을 이해하고, 외국어를 연마하고, 명쾌하고 설득력 있는 글을 쓰는 단계다. 이 시기에 아이들은 생각을 말로 다듬는 데 능숙해져야 한다. 어려운 문제를 토론할 때 머뭇거린다든지, 시간 끌기 식의 군더더기 말을 지나치게 많이 사용한다든지, 말의 내용이 빈약하다든지 등의 문제를 드러내지 않고 심오하고 비교적 빈틈없는 고급 언어를 사용할 줄 알아야 한다.

아이들의 언어능력 개발을 위해 부모가 꼭 알아야 할 것은 다음과 같다.

- 부모는 어느 정도는 정기적으로 토론할 기회를 만들어, 추상적 개념이나 현재 논란이 되는 문제와 같은 주제를 놓고 함께 이야기해야 한다.

- 아이들이 말을 할 때는 신중히 생각하고, 대화를 방해하는 '그러니까', '있잖아' 같은 말을 가급적 삼가도록 지도해야 한다. 말하기 능력을 향상시키기에 가장 좋은 기회는 식사 시간이나 잠자리에 드는 시간, 차에서 앉아 있는 시간이다. 적어도 이 시간에는 휴대폰을 보거나 게임을 하지 않는다는 규칙을 정하는 것도 좋다.

- 부모는 아이들이 어떤 여가생활을 하는지 살펴봐야 한다. 스케이트보드나 비디오게임처럼 말할 필요 없이 빠른 움직임에 몰입하는 활동을 자주 하게 되면, 시각과 운동의 황홀감이 정신을 지나치게 지배하는 불균형을 초래할 수 있고 그 결과 정신 건강에 좋지 않은 영향을 주고 언어 발달을 방해할 수도 있다.

- 아이들은 부모가 책 읽는 모습을 보고 자라야 한다. 아이가 어렸을 때부터 책을 읽어주는 것이 좋다. 부모가 이야기를 들려주며 함께 대화를 주고받는 방식은 어렸을 때 학습 발달에 매우 중요하다. 또한 이런 식으로 글을 깨우친다면 언어 발달에도 매우 유익하다.

- 학교 수업 이외에 언어와 관계된 놀이를 한다. 차를 타고 가는 동안 끝말잇기 놀이를 하거나 낱말 퍼즐 같은 놀이를 해도 좋다. 일기 쓰기는 언어를 훈련하는 좋은 수단이다.

- 요약하기는 기억 기능과 언어기능이 교차하는 중간 지점에 있는

중요한 필수적 능력이다. 이해한 내용을 기억하는 수단이기도 하다. 학교에서 배운 내용을 가족들 앞에서 설명하거나, 요약 내용을 녹음기나 휴대폰의 녹음기 앱으로 녹음한 후에 다시 들으면서 자신의 말이 얼마나 정확한지 확인하는 훈련을 한다면 요약 능력을 키울 수 있다.

• 아이들은 자기가 좋아하는 분야에서 읽기, 쓰기, 듣기, 말하기를 연습할 때 언어 구사력이 가장 많이 향상된다.

• 머릿속으로 말과 시각 사이에 연상작용을 활발히 할 수 있어야 한다. 동화 녹음 테이프를 듣거나 동화 구연 수업에 참여하는 것도 연상작용 훈련에 도움이 된다. 또한 노래 가사를 바꿔 부르거나 낱말 뜻, 낱말 배열, 그 밖에 언어의 여러 요소들을 놓고 문장을 만들거나 토론을 벌이는 연습을 해도 좋다.

언어 자극 vs 상상력 발달 저하

한글 떼는 시기에 관해서는 의견이 분분하다. 조금이라도 일찍 시켜서 남보다 일찍 학습에 관심을 갖게 해야 한다는 의견과 아이가 문자에 관심을 보일 때 시작하는 것도 늦지 않는다는 의견이 팽팽히 맞선다. 어떤 의견이 더 타당할까?

조기 한글 교육을 찬성하는 부모들은 일찍 언어 자극을 주는 것이 인지발달, 언어 발달에 도움이 된다고 믿는다. 반면, 일찍부터 아이에게 공부 스트레스를 주지 않으려는 의도에서 한글을 천천히 접하게 하려는 부모들이 있다. 문자를 알면 책을 읽을 때 그림이나 이미지보다는 문자에 초점을 맞추기 때문에 상상력의 발달을 저해할 우려가 있다고 생각하기 때문이다.

두뇌 발달에 맞춰서 조기 한글 교육을 30개월 전후에 한다면 큰 문제는 없다. 중요한 것은 주입식이 아니라 놀이와 접목시켜 자연스러운 분위기에서 한글 교육을 진행해야 한다는 점이다. 교구를 활용한 입체 학습도 좋다. 글자를 도장으로 찍어보고, 퍼즐을 맞춰보거나 스티커를 붙이며 노는 활동을 통해서 언어적 자극을 받으면 자연스럽게 한글과 친해지게 된다.

한글을 읽는지 못 읽는지에 집착하지 않는 자세도 중요하다. 결과에 집착할 경우 자칫 부모가 조급함을 이기지 못해 아이에게 부담을 줄 수도 있기 때문이다. 또한 한글 떼기는 다른 공부와 달리 말하기, 듣기, 읽기, 쓰기 등 여러 영역에서 포괄적으로 접근해야 한다. 한글을 뗀 이후에도 계속 자극을 주어 아이가 좀 더 한글을 보고 듣고 쓸 수 있도록 도와줘야 한다.

조기 과잉 독서, 돈 들여 아이 망치는 짓

부모들은 독서가 조기교육이 아니라고 생각한다. 조기교육, 사교육을 안 하기 위한 대안이라고까지 말한다. 그러나 조기 독서가 왜 문제가 될까?

독서란 아이들이 글이나 그림을 통해 추상의 세계를 다루는 것이다. 장난감 만지는 것과 책을 보는 것의 제일 큰 차이는 장난감은 실체인 반면, 책은 실체의 상징, 즉 심벌을 다룬다는 점이다. 따라서 머릿속에서 심벌을 제대로 다룰 수 있는 나이가 언제인지가 중요한데, 최소한 세 돌은 넘어야 심벌을 다룰 수 있다.

심벌이 형성되기 시작하는 것은 돌 때부터다. 이때의 심벌은 말이 심벌이지 아주 단순하다. 두 돌이 지나면 인형놀이 정도를 슬슬 시작할 수 있다. 적어도 세 돌이 되어야 자기 상상을 얹을 수 있다. 더구나 글을 보고 제대로 독서를 하는 것은 초등학교 2, 3학년부터 가능하다. 이것도 빠른 여자아이들 이야기다. 의외로 글을 통해 추상의 세계로 진입하는 시기는 굉장히 늦게 찾아온다. 어릴 때부터 책을 많이 읽으면 커서도 똑똑하다는 이야기가 상식처럼 되었다. 하지만 최근 몇몇 연구 발표처럼, 그것은 독서의 효과라기보다는 부모가 그만큼 자녀에게 관심을 쏟았기 때문이다. 부모가 신경 쓴 덕분에 아이들이 공부 잘하는 것을 '책을 읽어줘서 머리가 좋아졌다'라고 잘못 해석한 것이다.

책을 읽히는 엄마들은 아이들이 책 읽기를 좋아한다고 한다. 책을 뺏으면 울고 불며 난리 치는 아이들도 많다고 하는데, 책을 좋아하는 것이 아니라 병이 시작된 것이다. 어릴 때부터 책을 너무 많이 읽혀서 생긴 집착증이거나 아이 인생에 책 외에 재미있는 것이 없는 상황이다. 둘 다 가슴 아픈 일이다. 세상에 재미있는 것이 아주 많아야 하는 초등 2~3학년 이전 아이들이 책에 집착하면, 그것은 뭔가에 대한 증상이다.

요즘 책 좀 읽는다는 아이들은 생후 6개월부터 읽기 시작하는데, 이

때부터 독서를 과다하게 하면 사람들과의 정서적 교감이 상당히 부족해진다. 아이가 사람 대 사람으로서 감정이 통해야 하는 시기에 책이 벽처럼 가로막고 있는 것이다. 이렇게 다른 사람과 내가 통한다는 느낌을 갖지 못하게 되면, 사회성 발달이 저해되고 사회인지 기능이 떨어진다. 나중에는 쌍방의 의사소통이 안 되고, 쓸데없는 것이나 외우려고 한다. 정서를 조절하는 뇌가 자극을 받지 못해서 제대로 크지 못하게 되고 그 결과 자폐와 비슷한 유사자폐가 된다.

만 3세까지 발달하는 뇌 부위는 감정 조절, 충동 억제, 교감, 공감 등을 담당하는 변연계다. 3세 이전에는 가급적 유아의 창의성을 죽이는 작업을 하지 말아야 한다. 따라서 늘 같은 자극을 주는 것보다는 새로운 자극을 주는 것이 좋다. 끈, 냄비, 풀만 주어도 아이들은 무한한 상상력으로 새로운 세계를 창조한다.

순서정렬과 공간정렬 -
시간과 공간의 질서를 파악한다

시간과 공간의 질서

주변에 무슨 일이든 항상 늦고 시간을 맞추는 때가 없으며, 두 가지 이상의 일을 동시에 해야 할 때 당황스러워하는 사람이 있다면, 그 사람은 순서의 세계에서 차례를 맞추거나 차례를 정하는 일에 어려움을 느끼는 사람이다. 또한 '왼쪽과 오른쪽을 쉽게 구별하지 못하는 사람, 물건을 자주 잃어버리거나 물건의 위치를 잘 못 찾는 사람, 방향감각이 현저히 떨어지는 사람은 공간의 세계에 내포된 질서를 발견하거나 거기에 질서를 세우는 데 어려움을 겪는 사람이다.

아이들은 학교생활을 하는 내내 순서정렬과 공간정렬 감각이 필요하다. 과학 시간에 실험 순서를 나열할 때. 계획한 미술 과제의 실행 단계를 생각할 때, 피아노로 음계를 연주할 때, 이야기 줄거리를 되새겨볼 때 순서정렬이 필요하다. 'p'와 'q'를 구별할 때, 태양계의 상대적 위치를 공부할 때, 지도를 그릴 때, 머릿속에서 도형을 그릴 때. 영상을 회상할 때는 공간정렬이 필요하다. 아이들이 학교생활을 하는 동안 두 기능을 효율적으로 사용하는 능력을 키우기에는 개인차가 매우 심해서 어려움을 겪는 경우가 많다.

순서정렬 - 시간의 질서를 파악한다

순서정렬의 핵심은 시간 개념이다. 이 능력이 약하면 약속 날짜나 약속 시간에 항상 늦거나 연도와 월의 순서를 헷갈려 하고 학교나 집에서 한꺼번에 서너 가지 일을 해야 할 때 혼란스러워하며, 특히 학교에서 시계 계산을 무척 어려워할 수 있다. 이런 아이들은 순서를 기억해야 하는 상황이 오면 주의를 집중하고, 사람들이 순서에 따라 말할 때는 그 상황을 머릿속에 그려보고, 또 혼잣말로 중얼거려보는 것이 효과적이다. 순서도를 그리며 수학이나 과학에 나오는 여러 가지 순서를 기억하는 것도 좋다.

대부분의 아이들은 학년이 올라갈수록 사고력 수학에서 어려움을 느낀다. 순서정렬 중에서 높은 차원의 규칙을 찾기 위해서는 연역적 사고와 귀납적 사고를 올바로 활용해 순서 체계를 추론해야 하기 때문이다. 도형 문제를 체계적으로 증명하는 능력도 높은 차원의 순서에 따른 사고 중 하나다.

어려서부터 지식을 가르칠 뿐 아니라 다양하게 생각할 수 있는 질문을 많이 하고 스스로 계획을 세워 순서를 정해서 직접 해보는 훈련이 필요하며, 요인과 요인 간의 공통성을 찾는 놀이를 자주 하며 유추나 추론적 사고를 훈련하는 것이 필요하다.

일상생활에서는 시간을 분배하고 계산하고 시간의 흐름을 파악하는 시간관리 훈련을 해야 한다. 옷을 스스로 입게 하며 순서를 익히게 하고 함께 요리를 해보며 요리 순서를 알게 하는 것도 좋은 훈련법이다. 부모는 아이가 미리 일주일 계획을 짜고, 마감 시간을 맞추기 위해 구체적인 계획을 세우며, 각각의 일을 언제 할지 미리 결정할 수 있도록 도와줘야 한다. 낮에 할 일과 밤에 할 일을 목록으로 정리하고 한 가지 일을 끝마칠 때마다 표시를 하는 것도 좋다.

공간정렬 - 공간의 질서를 파악한다

공간정렬 기능은 여러 자료들이 통째로 또는 일정한 배열에 따라 거의 동시에 머릿속에 들어오거나 빠져나가는 것을 처리한다. 전시회의 그림 관람, 어느 곳이 입구인지 출구인지 등 거의 동시에 머릿속에 담아야 한다.

"그림 속에 토끼를 찾아라", "오른손으로 왼쪽 어깨를 짚어보라" 등의 질문에 답하려면 공간에서 대상을 지각하는 능력이 있어야 한다. 이 능력에는 각 요소들 간의 상대적 크기나 위치와 같은 변수 찾기, 앞에 있는 것과 위에 있는 것에 대한 자각, 3차원 인지, 대칭 인지, 비

대칭 인지, 왼쪽과 오른쪽을 인지하는 특징들이 포함된다. 또 다른 특징으로는 '전체와 부분의 관계'를 파악하는 것이다. 버스 노선표를 훑어볼 때 버스 번호와 배차시간표를 파악하는 것, 지도를 보며 도시를 찾을 때 어느 도시가 어느 도에 속하는지 파악하는 것 등 전체와 부분을 발견할 줄 알아야 한다.

공간 감각이 부족한 아이는 일을 엉망으로 만들거나 매사에 의욕을 잃기 쉽다. 수치심을 느끼고 스스로 무능하다고 생각해서 자신이 한 일을 반 친구들에게 보여주지 않으려고 안간힘을 쓴다. 공간 감각은 물건을 관리하거나 정돈하는 것에도 영향을 준다. '아이가 물건을 자주 잃어버리는가?', '가방 속의 물건들을 떨어뜨리며 다니는가?', '옷장에 옷들이 뒤죽박죽되어 찾을 수가 없는가?', '양말 한 짝을 신은 채 그대로 목욕탕에 들어가는가?', 이 질문 중 어느 하나라도 '그렇다'는 답이 나온다면, 물건 관리 기능 이상 증세를 의심해봐야 한다. 시간관리가 순서에 따른 정돈과 관계 있다면, 물건 관리는 물리적 세계를 정돈하는 공간 감각과 관계 있다고 할 수 있다.

높은 차원의 공간 사고력을 갖춘 아이는 낱말이나 문장을 자유롭게 사용하고 최소한의 단어만으로도 내용을 이해한다. 상상력을 제대로 활용하기 때문이다. 과학이나 수학에 나오는 (자릿값, 방정식, 도선의 저항과 같은) 특정 체계나 개념은 언어에 의존하지 않고도 정확히 이해할 수 있다. 또한 부분월식의 개념을 이해하는 것, 스케이트보드나 자전거의 고장 부분을 찾아 고치는 것, 공기 흐름에 따라 제트기의 고도와 추진력이 어떤 영향을 받는지를 이해하는 데는 고차원적인 공간적 사고가 필요하다.

2013년 미국 심리과학학회(Association for Psychological Science)의 학술지 《심리과학》에는 13세 때 공간 인지 능력을 측정하면 향후 30년간의 창조성과 학문적 성취도를 예측할 수 있다는 연구 결과가 실렸다. 공간 인지 능력이 좋았던 학생들은 30년 뒤 과학, 기술, 공학, 수학 등의 분야에서 탁월한 창조성을 바탕으로 높은 업적을 이룬 것으로 확인되었다고 발표했다. 어렸을 때부터 공간 인지 능력을 높이는 훈련을 받으면 창조성과 혁신 능력이 높아진다는 것이 연구팀의 결론이다. 그동안 비비엘 스쿨에서 아이들을 지도한 경험을 돌이켜봐도 공간 인지 능력이 향상되면서 융통적 사고와 문제 해결력이 높아지는 경우가 많았다. 어려서부터 퍼즐이나 블록 등으로 놀게 하고 자기 물건은 선반이나 상자에 꼬리표를 붙여서 스스로 정리하는 습관을 길러주면 공간 감각을 키우는 데 도움이 된다. 조각, 그림, 실내장식과 같은 창의적인 작품은 공간을 파악하는 능력을 갖출 때 탄생한다. 뛰어난 공간 감각 기능은 창의력, 탁월한 운동능력과 어우러져 예술 작품이나 멋진 레고 작품을 만들기도 한다.

"방 좀 치워"보다는 "연필 집은 어디 있니?"

책상 위에 제멋대로 놓인 교과서와 학용품, 외출 후 아무렇게나 던져놓은 옷가지 등등 어지럽혀진 아이 방을 볼 때마다 부모는 "방 좀 치워"라는 잔소리를 저절로 하게 된다.

1단계: 정리해야 하는 이유부터 이해시킨다

"방이 이게 뭐니?", "빨리 깨끗이 치우지 못해!" 처음부터 아이에게 명령조로 말하는 것은 금물이다. 왜 정리 정돈을 해야 하는지, 정리를 하면 뭐가 좋아지는지 이해부터 시켜야 한다. 정리 정돈은 단순히 물건을 제자리에 놓고 주변을 깨끗이 청소하는 것이 아니다. 정리 정돈을 잘하는 아이는 생각을 정리하고 조직화하는 데도 뛰어나다. 내용을 잘 분류해 정리하거나 필기·메모하기 같은 학습 능력이 좋아지며, 어떤 일을 먼저 처리해야 하는지도 잘 판단하게 된다.

정리 정돈을 할 때는 먼저 어떻게 정리할지에 대한 '기준'을 정해야 한다. 아이가 자신의 생각 체계를 만드는 과정으로 정리 정돈을 하면서 논리력과 창의력이 동시에 훈련되는 셈이다. 경제 교육도 된다. 일단 물건이 많으면 안 쓰는 물건이 생기고 치울 것도 많아진다. 자기가 사용하는 물건이 얼마나 남아 있고, 앞으로 얼마나 쓸 수 있는지 쉽게 파악할 수 있어 쓸데없는 지출을 막을 수 있다.

상자, 우유팩, 페트병 등 재활용품을 이용해 정리 상자를 만드는 것도 좋다. 하찮은 물건이라도 쓸모가 있고, 하나하나 제자리에 넣는 과정에서 자기 물건의 소중함을 느낄 수 있다.

2단계: 놀이를 통해 정리 재미를 느끼게 한다

정리 정돈의 습관이 생기기까지는 훈련이 필요하다. 놀이나 게임 등을 통해 즐겁게 정리 정돈을 따라 할 수 있도록 하게 한다. 정리 정돈의 기준을 익히는 데는 짝짓기 놀이가 도움이 된다. 용도가 같은 물건을 찾아본다. 공부할 때, 그림 그릴 때, 놀 때 중 언제 사용하는 물건인지 말하며 같은 용도끼리 묶는다. 같은 재질끼리 짝짓기 놀이도 할 수 있다. 철, 헝겊, 플라스틱으로 만든 물건을 준비해서, 만지거나 냄새나 눈으로 살펴 분류하게 한다. 각각 만들어진 재료가 어떻게 다른지 특징을 아이와 이야기해본다.

집중력에 도움이 되는 장난감 정리 놀이도 있다. 큰 바구니 2개를 준비해 바구니에 누가 더 빨리 더 많이 넣는지 시합한다. 학습용과 놀이용 장난감으로 구분해서 할 수 있다. 상자 3~5개를 준비해 특별히 한 상자만 예쁘게 꾸며서 아이가 가장 보물처럼 생각하는 것을 모으게 한다. 일주일 동안 잘 정리하면 상을 주기로 약속한다.

그림 대응 놀이를 한다. 장난감 정리함 앞에 자동차·블록·인형 그림을 붙인 후 아이에게 그 그림에 맞는 장난감을 찾아 정리함에 넣게 한다. 블록 정리 릴레이 게임도 할 수 있다. 레고 놀이를 한 후 같이 놀이를 한 아이들이 일렬로 서서 블록을 하나씩 전달해 정리함에 담는다. 여자아이라면 종이 옷장 놀이를 통해 옷장 정리 방법을 익힐 수 있다. 그림으로 옷장을 그리고 색종이로 옷을 만든다. 이때 종이 옷은 긴 옷, 짧은 옷, 윗옷, 바지, 치마 등으로 잘 구분해 나눈다.

3단계: 규칙 정하기로 실전 연습을 한다

놀이를 통해 정리하는 방법을 충분히 알았다면, 실전에 들어가기에 앞서 '규칙 정하기'부터 시작한다. 자녀가 정리해야 하는 것, 어떻게 해야 하는지, 약속을 지키지 않았을 때 어떻게 할 것인지 아이와 상의

해서 정한다. 매일 정리해야 할 물건이나 정리 정돈해야 하는 양, 정리 순서 등을 정하는 것부터 시작한다. 아이 방에 규칙을 붙여두면 아이가 약속을 지키는 데 도움이 된다. 아이가 정리 정돈을 어려워하면 물건의 자리를 찾아주는 것도 방법이다. 종이에 자리 이름을 쓰고 코팅한 후 책상에 붙이는 것도 좋다.

정리 정돈 표를 만들면 더 효과적이다. 가장 먼저 정리할 것부터 스스로 순서를 매긴다. 정리 정돈 일기 쓰기 훈련을 통해 기록하는 습관을 가지면 생각 정리 훈련이 저절로 된다. 종이의 왼쪽에는 정리 전, 오른쪽은 정리 후 변한 점을 적도록 한다. 꼭 글로 쓸 필요는 없다. 그림 그리기나 사진 찍기 등으로 정리하면 달라진 부분을 더 잘 알 수 있다. 간단히 뭐가 달라졌는지 스스로 기록하다 보면 아이가 정리 정돈을 즐거운 놀이로 받아들일 수 있다.

Tip 시공간 능력을 발달시키기 위하여 부모가 알아야 할 것

1. 아이들에게 심부름을 시킬 때나 휴가를 갈 때 일정이나 시간표를 짜게 해서 시간을 관리하는 법을 배우게 한다. 아이들에게 시계의 초침이 움직이는 것을 관찰하게 하고 시간의 흐름에 맞춰 일정한 간격에 따라 계획을 세워 생활하도록 한다.
2. 어려서 리듬감 있는 놀이나 노래를 즐기면 순서정렬 강화에 도움이 된다. 음악은 순서정렬을 익히는 데 더없이 좋은 수단이다.
3. 부모는 물건을 잘 관리하지 못하는 아이들이 주변을 정리하도록 도와줘야 한다.
4. 미술, 춤, 음악, 퍼즐, 교구 등 손을 이용하는 일을 통해 능력을 개발한다. 아이들의 정렬 능력은 훈련에 의해 얼마든지 성장할 수 있다.

운동 - 여러 가지
운동기능

5가지 운동기능

아이들에게 '운동능력'이란 건강함의 상징, 남자다움 또는 여자다움의 상징, 경쟁이나 어려움을 이겨내는 용기다. 운동은 마음속의 경쟁심을 바람직한 형태로 표출할 수 있는 통로이며 사회의 스트레스를 멋지게 풀 수 있는 수단이기도 하다. 특히 경쟁에서 이기려는 욕구가 매우 강한 시기인 어릴 때 이런 욕구를 가장 쉽고도 확실하게 충족시키는 방법이 운동이다. 아이들은 운동을 통해 건강을 유지할 뿐만 아니라 협동심, 계획 수립, 스포츠 정신과 같은 자아통제, 도덕적 가치들을 배우기도 한다.

몸을 움직이는 근육의 활동은 기억력과 학습 능력을 강화시킨다.

직접적인 체험, 과학 실험, 운동경기 참여 등은 능동기억이나 문제 해결 능력 등과 같은 다양한 신경 발달 기능을 향상시킨다. 운동계를 이루는 중요한 운동기능에는 대근육 운동기능, 소근육 운동기능, 쓰기 운동기능, 음악 운동기능, 말하기 운동기능 등 5가지가 있다.

대근육 운동기능에는 큰 근육을 움직이는 모든 활동이 포함된다. 소근육 운동기능은 손을 움직이는 일에 관여하는데, 이는 '눈과 손의 협동'을 요구하는 것으로 못을 박거나 손톱을 다듬는 등의 일을 할 때 필요하다.

쓰기 운동기능은 특히 쓰기에 적합하도록 만들어진 운동기능이다. 소근육 운동은 뛰어난데 쓰기 운동능력은 형편없는 아이들도 많다. 그림을 잘 그리면서 쓰기는 잘 안 되는 아이들의 경우가 그렇다. 지능 측면에서는 처리 속도에 따라 쓰기 운동능력을 가늠할 수 있다.

음악 운동기능은 근육의 다양한 반응과 머릿속에 유입되는 감각이 서로 특별한 조화를 이뤄야 제대로 작동한다. 악기를 연주하고 춤을 추고 리듬을 감상하고 따라 하는 행위는 모두 음악 운동의 조화에서 비롯된다.

말하기 운동기능도 잘 통제된 근육 활동의 예로, 음식을 씹으며 이야기하는 양립하기 힘든 기능들을 수행하며 바쁘게 움직이는 근육운동이다. 흥미롭게도 말하기 운동에 문제가 있는 아이들은 대체로 쓰기 운동에도 어려움을 느낀다. 말하기 운동과 쓰기 운동이 모두 빠른 순서 흐름에 맞춰 이뤄지기 때문일 것이다.

모든 아이들에게 운동을 강요할 이유는 없다. 하지만 한두 분야에서 운동 감각이 있다면 아이들의 자아상에 튼튼한 반석이 될 수 있다. 글씨가 엉망이거나 쓰기에 어려움을 느끼는 아이라면, 가능한 빨리 컴퓨터를 가르쳐서 운동의 보람을 쉽게 맛볼 수 있게 해야 한다.

부모는 말과 생각이 요구하는 만큼 빠르고 수월하게 종이 위에서 손가락을 놀리지 못하는 아이들을 잘 관찰해야 한다. 이런 아이들은 가능한 한 빨리 문서 작성 프로그램을 사용하는 것이 좋으며, 글자 쓰는 연습을 꾸준히 해야 한다. 연필 쥐는 법을 올바르게 가르쳐야 할 아이도 많다.

'운동 중독'처럼 운동의 만족감을 과다하게 충족해서도 안 된다. 또한 좀 잘한다 하여 '전업 선수'로 발탁시켜 과도한 훈련을 하게 하면 아이는 정신적, 감정적으로 상처를 입을 수 있고 아이를 훌륭한 선수로 떠받듦으로써 과시 욕구만 심어줘서 결국은 무너질 수도 있다. 운동을 게임으로 즐길 수 있도록 해줘야 한다.

고등 사고 – 생각하고 생각하고 또 생각한다

고등 사고란?

'고등 사고'는 명확하지 않은 정보나 문제에 마주쳤을 때 유추하거나 추론하기 위해서 필요한 능력으로, 다음 5가지 형태가 있다.

- 개념적 사고: 독재와 자유를 비교할 때 유용하다.
- 문제 해결 사고: 가장 좋은 문제 해결 방법을 찾아낸다.
- 비판적 사고: 사실과 허위를 판단하여 결정한다.
- 창의적 사고: 시나 그림을 그릴 때 작동한다.
- 직관적 사고: 본능적으로 문제의 핵심을 꿰뚫어본다.

5가지 중 하나라도 결핍되면, 암기에 지나치게 의존하며 깊이 있는 학습보다는 과정을 흉내 내는 학습을 하기 쉽다. 여러 방면에서 풍부한 고등 사고력을 키우는 일은 교육의 궁극적 목표다. 그러므로 부모나 학교는 이 5가지 형태를 교육의 목표로 삼고, 아이가 어릴 때부터 고등 사고를 체득하도록 모든 노력을 기울여야 한다.

개념적 사고 - 암기가 아니라 이해하라

개념은 특정한 생각이나 견해, 또는 그것의 범주를 형성하는 여러 특징들의 집합체. 개념은 다른 개념을 바탕으로 형성되기 때문에 처음부터 확실하게 이해하지 않으면 두고두고 고생을 한다. 이런 개념을 잘 이해하려면 구체적인 예를 들어 개념적 본질을 설명하는 훈련과 유사 개념(공통성) 및 반대 개념(차이성)을 생각해보는 훈련이 매우 유용하다. 개념이 정립되면 추론이 훨씬 쉬워진다. 개념을 이해하면 상황을 추리할 수 있기 때문에 기억해야 하는 부담이 줄어든다. 학년이 올라갈수록 교과 과정에서 추상적 개념이 차지하는 비중이 점점 높아지며 특히 고등수학의 대부분을 차지한다.

개념을 얼마나 확실하게 이해하느냐는 아이마다 다르다. 일부 아이들은 중요한 개념들을 사실상 전혀 파악하지 못하며, 개념의 주요 특징도 전혀 파악하지 못한다. 선생님이 말한 개념의 의미를 그저 그대로 되풀이하는 아이도 있고, 개념을 이해하지 못한 채 사용 예시만을 흉내 내는 아이도 있다. 수학에서 특히 그런 경우가 많다. 결국 주제가 점점 복잡해지고 앞의 개념을 토대로 새로운 개념이 나타나면서 개념 파악이 느린 아이들은 점점 더 수학을 어려워한다. 부모는 아이가 '개념'의 뜻을 정확히 알고 있는지를 질문해서, 말로 설명하거나 그림, 도표 등으로 표현할 수 있는지를 파악해야 한다.

문제 해결 사고 - 다양한 생각으로 길을 찾는다

문제에 대응할 때 논리적으로 차근차근 생각하지 않고 머릿속에 순간 떠오르는 대로 실행에 옮기는 아이들이 많다. 하지만 대부분의 부모는 이런 결함에 대해서 '어리니까 자라면 괜찮겠지'라는 생각으로 별다른 조치도 취하지 않은 채 그냥 넘어간다. 또는 대부분 주의력 결핍이라는 포괄적인 범주에 끼워넣어 전문적인 도움을 전혀 받지 못한다. 그러한 아이들 중 상당수가 문제 해결 능력이 부족하여 주의력이 모자란 듯 보이고 충동적이 되고, 설령 주의를 집중한다 해도 저절로 좋아지지는 않는다. 문제 해결력은 지능지수나 시험 성적으로는 측정하기 어려운 능력으로, 일상생활과 관련이 깊은 능력이다.

문제 해결 사고가 어떻게 작동하는지 단계를 살펴보면 다음과 같다.

1단계: 문제를 이해하고 인식한다

문제 해결 능력이 뛰어난 아이는 '문제'라는 말뜻을 폭넓게 이해한다. 그리고 천천히 생각하며 문제를 슬쩍 넘기려 하지 않고 시간을 들여 주의 깊게 생각한다.

2단계: 결과를 미리 예측해본다

문제를 해결하려면 앞을 내다보고 문제 해결이 가져올 결과를 미리 그려보거나 평가하는 것이 중요하다. 어떤 결과가 나타날지를 분명하게 감지하지 않고서는 문제를 해결하기 어렵다.

3단계: 해결 가능성을 따져본다

문제 해결 능력이 뛰어난 사람은 문제가 해결될 가능성을 예측하면서 몇 가지 현실성을 따져본다. '문제를 해결할 수 있을까? 외부의 도움을 얻어야 하는가? 그렇다면 누구에게 어디서 도움을 얻을까? 시간은 얼마나 걸릴까? 문제 해결의 손익은 어떤가?' 등 핵심적인 사항들에 주의할 수 있어야 한다.

4단계: 다양한 수단과 방법을 동원한다

아이와 같이 여행 계획을 짜거나 집안일을 할 때 필요한 목록을 만들고, 주변 사람에게 도움을 얻거나 인터넷을 활용하여 정보를 수집하는 등의 방법을 통해서 아이들에게 계획을 직접 짜보게 하는 훈련이 필요하다.

5단계: 논리적으로 생각한다

합리적 사고와 논리적 사고는 같은 임무를 수행한다. '그것이 사실이라면 내가 할 수 있는 일은 ……' 같은 생각이다. 유추 사고도 논리적 사고의 한 방법이다. 부모는 "어떻게 그런 결론을 내렸어?", "네가 어떻게 그 문제를 해결했는지 비슷한 예를 이야기해보겠니?" 등의 질문으로 아이가 논리적으로 생각하도록 도와야 한다.

6단계: 최선의 전략을 선택한다

"단어를 노래로 만들어 외워도 좋겠어. 아니면 철수와 함께 낱말을 연습할 수도 있을 거야. 도표를 만들어도 좋겠다. 그럼 이번에는 노래로 만들어 외워야겠다" 식으로 다양한 전략 중에서 최선의 전략을 선택하여 실행하도록 한다.

아이가 그릇된 결정을 내릴 때는 일단 공감을 해주며 격려한다. 그 후에 아이가 스스로 대안을 고려할 때 효과적인 다른 방법으로 무엇이 있는지 이야기해보는 것이 좋다. 아이들은 실수를 통해 배운다.

7단계: 시간과 속도를 조절한다

문제 해결 능력이 뛰어난 아이는 시간 감각과 타이밍 감각이 있어서 언제 어떻게 문제를 다룰지 감을 잡을 뿐만 아니라, 과도하게 속도가 빨라지거나 진척이 없는 때를 포착하며 적절한 속도를 유지한다. 부모는 아이를 비난하거나 지나치게 훈계하듯 하지 않고 웃으면서 간단한 말로 상황을 인식시킬 필요가 있다.

8단계: 스스로를 감시하며 검증한다

'이 방법으로 하면 될까? 지금 생각하는 것이 올바른 길인가?' 등의 방법 조절과 전략의 실행 속도를 조절하는 것은 진행 상황을 점검하는 데 도움이 된다. 또한 '이것이 최선이며 이 방법으로 훌륭하게 해낸 적이 있던가?'처럼 지속적인 자기 감시는 자기 규제 또는 일종의 자기 정정을 가능하게 해준다.

9단계: 어려움에 대처한다

난관에 봉착했을 때 다른 방법이나 예비 전략을 이용하는 등 문제 해결 도중 장애물을 만났을 때 어떻게 대응해야 할지를 아는 단계로 다양한 융통성을 발휘해야 한다. 부모는 아이가 난관에 봉착할 때를 대비해 상담사 노릇을 해야 한다. "문제가 생기면 엄마에게 말해. 엄마가 왜 있겠어?"라는 한마디가 아이에겐 커다란 힘이 될 것이다.

10단계: 해결책에 도달한 후 검토해본다

끈기가 부족한 아이들은 일이 다 끝나기도 전에 그냥 끝내버리는 경우가 많다. 아이가 문제를 해결하고 나서 자신만만해하더라도 거기서 멈추지 말고 전 과정을 뒤돌아보면서 무엇을 배웠는지 파악하게 하고, 나중에 이 방법을 어떻게 다시 사용할지 생각하게 해야 한다. 이 과정은 반성의 일종으로, 생략하는 경우가 많지만 가르칠 때나 배울 때나 반드시 포함시켜야 한다.

곧장 정답을 얻는 것보다 생각하는 과정이 더 중요함을 강조해야 한다. 그 과정을 다양하게 생각할 수 있음을 격려하고 공유할 수 있도록 해야 한다. '문제를 정확히 이해했는가?', '다양한 전략을 구상했는가?',

'답이나 결과를 예측하거나 미리 내다보았는가?'를 포함한 문제 해결 단계를 리스트로 만들거나, 자기 평가표를 만들어도 도움이 된다.

비판적 사고 - 보이지 않는 이면을 보는 날카로운 눈

비판적 사고를 한다는 것은 사고의 순진함을 넘어섰다는 뜻으로, 속임수에 쉽게 넘어가지 않으며, 대상을 날카롭게 평가할 수 있게 한다.

비판적 사고력이 없는 아이는 어떤 말을 액면 그대로 받아들이는 때가 많다. 이런 아이들은 겉으로 드러나지 않는 것은 보지 못하고 눈앞에 펼쳐진 것 이외에는 분석하거나 평가하지 못한다. 반면, 어떤 아이는 비판이 지나쳐 무엇이든지 결점을 찾아내려 하고 항상 의심부터 하며 냉소주의자가 된다. 대개 빈정대는 형태로 나타나는 이 같은 냉소주의는 대개 고등학년을 기점으로 삶의 방식으로 굳어지며, 아이는 세상을 다 아는 듯 행동한다. 이쯤 되면 무슨 말이든 받아들이려 하지 않으며, 부모의 말은 더욱 듣지 않는다.

비판적 사고에 이르는 단계를 살펴보면 다음과 같다.

1단계: 먼저 대상을 객관적으로 서술한다

독후감을 쓸 경우에도 우선 줄거리를 자세히 말하고, 글의 내용을 요약하고 중요한 세부 사항에 집중해서 평가해야 한다. 일단 사실을 보고해야 한다.

2단계: 작가의 관점을 찾아낸다

아이에게 작품에 나타난 관점, 의도, 동기 등을 찾아내고 설명해보라고 한다.

3단계: 자신의 생각을 정립한다

부모는 아이에게 "이 일을 보고 (또는 이 책을 보고) 느낀 점들이 앞으로 너의 비판적 사고에 어떤 영향을 미칠까?"라고 물어본다. 어렸을 때 채소를 싫어했던 아이가 채소에 대한 편견이 워낙 강해서 모든 채소를 거부하는 경우도 편향적 사고로 인해 비판적 사고가 부족한 사례다. 부모는 아이의 관점이나 경향을 파악하고 아이도 자신의 상태를 알고 있어야 한다.

4단계: 오류, 왜곡, 거짓 주장, 과장을 찾아내서 설명한다

잡지나 TV 광고 등 평가 대상을 아이와 함께 비판하면서 연습할 수 있다. 예를 들어 특정 인스턴트 음식을 보면서 보기에는 맛있고 영양가가 풍부해 보이지만 실제로는 맛도 없고 방부제와 인공색소가 가득하다는 사실을 찾아보면서 이야기를 나눠볼 수 있다.

5단계: 다양한 방법으로 외부에서 도움을 얻는다

아이에게 반드시 혼자서 일을 처리할 필요가 없다는 사실을 알려줘야 한다. 다른 사람들의 의견을 모으거나 책, 잡지, 관련 웹사이트에서 정보를 찾아볼 수도 있다. 책을 읽거나 영화를 본 후에 서평이나 영화평을 여러 개 읽어봐도 좋다.

6단계: 증거를 검토한다

다양한 자료에서 모은 정보, 객관적인 사실, 자신의 성향, 취지, 동기, 주제에 대한 관점 등을 분류하고 심사숙고하여 확실한 정보를 바탕으로 자신의 의견을 내놓는다.

7단계: 외부와 의사소통을 해야 한다

평가를 마무리한 뒤에는 자신의 비판적 사고를 외부 세계와 공유해 소통하는 능력을 발휘해야 한다.

비판적 사고는 대상을 평가하거나 광고가 제공하는 정보가 정확한지 판단하거나, 허위 또는 과장 광고의 선전 방식을 밝히는 데 도움을 주며 생각이나 견해를 평가하는 데도 이용된다.

언어 구사에 어려움이 있는 아이들은 비판적 사고에도 불리하다. 자신의 생각을 남에게 말하기가 어려운 아이들은 생각을 아예 멈추고 남의 생각이나 글을 단순히 외웠다가 똑같이 되풀이하는 경우가 많다.

신문 사설을 읽거나, 글쓴이의 관점을 찾아내거나, 그것을 자신의 관점과 비교하거나 외부의 객관적 정보에 주의를 기울이면 비판적 사고를 키울 수 있다. 또래들 사이에서 문제가 발생했을 때 다양한 관점을 토론해보고, 자신의 생각과 타인의 생각을 비교해보며, 스스로를 비판하는 법을 배워야 한다. 자신을 객관적으로 바라보며 자신의 결론, 성격, 가치, 대인관계 유형 등을 단계적 접근법을 이용해 체계적으로 비판할 수 있어야 한다. 자신이 좋아하는 분야의 주제나 활동을 선택하여 비평하는 글을 써보는 것도 좋은 방법이다.

창의적 사고 - 생각의 바다에서 독창성을 건져낸다

창의적 사고란 한마디로 독창성을 키우는 행동과 특성의 혼합물이다. 창의적인 사람들이 무의식적으로 보이는 행동을 살펴보자.

확산적 사고

결과에 집착하지 않고 흥미롭고 독창적인 사고에 빠져드는 자유연상 능력으로 유창성과 융통성을 의미한다. 반대 개념인 수렴적 사고는 좁은 의미의 사실이나 문제 해결책을 발견하는 데 적합한 매우 구체적인 사고로 정교성과 독창성이 포함된다.

하향식 정보처리

정보에 개인적인 경험, 가치, 견해를 자유롭게 덧붙이려는 성향인 하향식으로 정보를 처리하다 보면 정보나 경험에 대해 매우 주관적인 반응을 보인다. 하향식으로 독서를 하는 아이는 이야기에 개인적 경험, 아는 사람, 장소를 연관 지으며 개성을 발휘해 독특한 해석과 생각을 덧씌운다. 기사나 교과서에 나오는 사실에 얽매이기를 싫어해서, 교사의 의도대로가 아니라 자의적으로 수정하여 자신의 창조성을 표현한다.

기존 것에 얽매이지 않기, 위험을 각오하기

창의적인 성향의 아이는 그 어느 것도 단정 짓지 않으며, 새로운 형태를 쉽게 받아들이고, 새로운 관점을 거리낌 없이 드러내며, 많은 지식이나 한정된 개념에 얽매이지 않고 새로운 생각을 표출한다. 또한 잘못될 위험을 감수하며, 다른 사람의 모욕이나 조롱, 부정적 시각을 무릅쓰고 창조적 행위를 하려는 성향은 창죄적 사고에 중요한 요소다.

동료의 압력과 기준에서 벗어나기

창의적인 사람은 청중이나 동료의 기분을 맞추기 위해 자신의 생각을 수정하지 않으며 집단에서 인정하는 정형에서 이탈할 각오를 하고 생각하고 행동하는 성향이다. 아이들 중에는 친구의 평가에 맞춰 자신의 생각을 조정하는 경우가 많은데 약한 자존감의 표현이기도 하다.

자기 평가 유보하기

예술가가 창작 활동을 하는 도중에 자신의 작품을 수시로 지나치게 비판한다면 작품을 제대로 완성하기 어렵다.

적절한 매개를 찾아 매진하기

부모나 학교는 아이들에게 창의적 활동을 할 기회를 다양하게 제공해야 하며, 아이가 관심을 보이는 특정 분야에 매진할 수 있도록 기회를 만들어야 한다.

개성적 스타일

평범함을 거부하며 자신만의 목소리, 자신만의 분야, 자신만의 스타일을 개발해 모든 일에 자기 개성을 불어넣으려는 성향이다.

집에서나 학교에서 주변 여건을 잘 마련하고 적절한 기회를 준다면 아이들의 창의력은 시간이 갈수록 자극을 받아 발달한다. 많은 아이들이 TV를 보거나 인터넷을 뒤지거나 친구들과 어울려 돌아다니는 등 소극적으로 시간을 보낸다. 이런 아이들은 창의력을 발휘해 성취감을 맛볼 매개체를 찾지 못했기 때문이다.

수업을 하다 보면 마음대로 할 수 있는 권한을 주면 두려워하는 아이들이 꽤 된다. 이런 아이들 중 많은 수가 학교 교과목 성적이 상위권에 들고 운동도 잘하고 리더십도 좋은 아이들이다. 정해진 주제를 지식과 경험으로 풀거나 시키는 것은 잘하는 반면, 알아서 하거나 새롭게 창의적으로 생각하는 능력은 떨어지는 경우다. 예전보다 미술, 음악, 예체능 분야에서 사교육을 많이 받는데도 브레인스토밍이나 창의적인 활동을 어려워하는 아이들이 많다.

반면, 어떤 아이들은 공부보다는 창의적 활동에 소질을 가지고 태어난다. 이런 아이들이 창의력을 발휘할 적절한 매개체를 발견하고, 전문 기술을 습득하고, 창의력을 개발할 수 있는 환경을 제공해줘야 한다.

직관적 사고 - 본능적으로 핵심을 꿰뚫어본다

직관이 어떻게 작용하는지 왜 작용하는지는 아무도 모른다. 직관은 일종의 인지적 이미지이자 주제의 핵심을 꿰뚫어보는 본능적 능력으로, 우리는 직관력을 통해 주제를 이해할 뿐만 아니라 남들이 보지 못하는 것들을 볼 수 있게 된다. 또한 직관은 자연스럽게 단기적으로 깨우치게 하므로 규칙이나 암기에 의존하는 일이 적다. 직관은 고등 사고에 직접 영향을 미친다. 직관력을 발휘해 수학 문제를 푸는가 하면, 종교적 개념을 이해하거나, 외국어 문법 규칙들을 적용할 수 있고, 철학에서는 직관을 통해 비판적 사고를 하고, 직관을 통해 작곡을 하거나 창의적인 무대장치를 설계하기도 한다.

부모는 아이의 직관력이 활발히 작용하는 영역을 찾아내야 한다. 아이가 앞으로 그 영역에서 재능을 발휘할 확률이 높기 때문에 이를 찾아내 꾸준히 개발하게 해야 한다. 한 분야에서 오랜 경험을 쌓는 사람들은 시간이 흐르면서 후천적 직관력이 발달하는 경우가 많다. 의사들이 환자를 진찰하면서 많이 아픈지 그렇지 않은지를 대략 알 수 있거나, 학부모 상담을 오래 하면 대략 무엇이 고민인지 알 수 있는 것과 같은 것이다. 여기서 주의할 점은 직관을 남용하거나 점검하지 않으면 오해를 일으키거나 잘못된 부정적인 판단을 내릴 수도 있다는 것이다. 직관적 사고에는 이를 뒷받침하고 증명할 사실이 존재해야 한다.

아이의 고등 사고를 향상시키려면 다음 내용을 꼭 알아야 한다.

- 추상적인 개념을 가르칠 때는 아이들에게 특정한 고등 사고 능력을 개발하는 수업을 하는 중이라고 분명히 알려주며 직접적으로 다양하게 접근해야 한다. 단계별로 근거를 제시하며 문제를 풀게 하거나, 개념을 제시하고 자세히 설명하라고 하거나, 비판적 사고를 이용해 비판하라고 지도해야 한다.
- 초등학교 3~4학년만 되면 고등 사고를 계획하거나 예상할 필요성을 가르칠 수 있다. 문제를 풀기 전에 어떤 규칙을 써야 할지 먼저 생각하게 한다.
- 일상생활에서 자신만의 규칙 모음집을 꾸준히 작성하면 좋다. "선생님이 칠판에 요점을 적는다면 그건 분명 시험에 나온다는 뜻일 거야", "큰형에게 멋지다고 말하면 형이 장난감을 가지고 놀게 해줄 거야" 등 어디서든 얼마든지 규칙을 만들 수 있다.
- 역사적인 사실, 소설에 나오는 사건, 뉴스에 등장하는 최근의 이슈들은 모두 단계별 문제 해결 과정과 비판적 사고를 훈련하기에 적합한 대상이다.
- 부모는 아이들의 고등 사고 영역을 세심히 관찰하고, 정신 기능이 어떻게 발휘되는지, 어떻게 재미있게 훈련할 수 있을지 반드시 고민해야 한다. 스포츠를 통해 규칙을 어떻게 적용하는지를 생각하고, 경기 전에 문제 해결 방법을 생각하며, 상대팀의 강점과 약점을 비판적으로 분석해본다.
- 아이가 특정 과목 혹은 모든 과목에서 전반적으로 고등 사고 기능 이상이 있는 것은 아닌지 신중하게 살펴봐야 한다. 어려워하

는 영역이 있다면 개념을 정확히 알 수 있도록 도와줘야 한다. 개념을 생각해보게 하고 부모 앞에서 개념을 설명하게 하고 각각의 개념을 보면 무엇이 떠오르는지 생각해보도록 한다. 실생활의 적용 사례를 연관 지어 생각하면서 개념을 이해하면 쉽게 받아들일 수 있다.

Tip 직관적 사고를 기르는 7가지 원칙

1. 아는 것이 많아야만 적절한 타이밍에 자신이 하고 싶은 이야기를 조리 있게 말할 수 있다. 아이에게 풍부한 읽을거리와 볼거리를 제공해야 한다.
2. 아이는 부모의 거울이다. 아이가 부모의 말과 행동을 그대로 보고 따라 하기 때문이다. 순발력도 예외가 될 수 없다. 부모가 남들 앞에서 제대로 자신의 의견을 피력할 줄 모르면서 아이에게 그런 모습을 기대하는 것은 모순이다.
3. 큰 소리로 말하는 연습을 한다. 큰 소리로 또박또박 자기 의견을 말할 줄 알게 하는 것은 아이에게 자신감을 심어주는 훈련이 된다.
4. 어려서부터 유머가 넘치는 가정에서 자란 아이들은 긍정적이고 밝은 심성을 지녀 어색하고 서먹한 분위기를 유머로 풀어갈 줄 안다. 유머가 넘치는 가정환경을 만들어야 한다.
5. 적극적인 성격의 사람은 자신감 있게 의사 표현을 한다. 순발력에서 중요한 점은 때로는 자기 확신이 없을 때도 당당하게 표현하는 것이다. 적극적인 성격을 갖게 도와줘야 한다.
6. 여러 가지 게임이나 놀이를 통해 아이의 두뇌를 자극하는 게 필요하다. 이때 단기 집중력이나 민첩성을 필요로 하는 놀이를 반복해서 해주면 좋다.
7. 말 잘하는 아이로 키우기 위한 기본 조건은 아이와 많은 대화를 나누는 것이다. 아이와의 대화에 집중하고 아이를 충분히 격려하자.

사회적 사고 – 친구를
잘 사귀는 아이 vs 못 사귀는 아이

.

사회성을 기르기 위한 3가지 과제

사람을 처음 사귀는 일이나 의견 충돌을 해결하는 일은 모두 아이들의 관계 형성에 중요한 구실을 하는 사회적 사고 기능이다. 사회성을 형성하는 여러 기능들이 어느 정도 발달했는지에 따라 아이들이 학교와 사회에서 편안하게 생활할 수도 있고 상처를 받을 수도 있다. 이러한 사회성을 기르기 위해 아이들의 또래 집단에서 가장 중요한 3가지 과제를 살펴보자.

우정

친구는 아이들이 가장 갖고 싶어 하는 재산 1호다. 우정은 한 개인과 만족스러운 상호 관계를 만들고 그것을 지속하는 행위로, 친구들 사이에서 전반적으로 좋은 평가를 받는 인기와는 다른 문제다. 우정에는 친밀감, 공유, 상호 지원 등이 포함된다.

남자아이들은 대부분 우정은 놀이라는 생각을 한다. 야구를 하거나, 낚시를 하거나, 전자오락을 함께할 목적으로 다른 아이를 친구로 삼으려고 한다. 여자아이들은 마음속의 감정을 공유하고, 이야기를 나누고, 마음의 편안함을 얻고자 친구를 사귄다. 이와 같은 차이는 어른이 되어도 마찬가지다. 친구란 아이의 사회성을 나타내는 가시적인 훈장과도 같으며, 우정은 외로움과 자기 불신에 대비하는 장기적인 안전장치이자 보험이다.

인기

인기 있는 아이들은 상황에 맞게 적절히 행동하고, 타고난 사교성으로 현란한 언어와 행동을 구사한다. 반대로 따돌림을 받는 아이들은 메시지를 잘못 전달받거나 잘못 전달함으로써 잦은 실수를 하게 되고, 또래 아이들로부터 따돌림과 부정적인 평가를 받는다. 또래 아이들의 따돌림과 학대의 결과는 매우 심각하며 우울증이나 폭력성으로 표현되기도 한다. 친구들 사이에서 온종일 시달린 아이는 집에 와서 어린 동생을 괴롭히거나 부모에게 반항하며 대드는 일이 많다.

정치

아이들은 경우에 따라 자신에게 도움을 줄 수도 있고 상처를 줄 수도 있는 개인들과 유리하게 교류하는 방법을 배워야 한다. 영향력 있는 사람을 파악하고 그들에게 영향력을 행사할 줄 알아야 한다. 그러므로 아이들은 친구 관계나 선생님과의 관계에서 정치적인 행동을 할 수밖에 없다. 자신의 자유와 개인적 취향, 정체성을 잃지 않으면서 노련한 정치가가 되는 것도 아이들의 또 다른 과제다.

사회적 언어와 사회성

'사회적 언어'는 가장 고차원적이고 복잡한 방식으로 이뤄지는 언어다. 상대방의 감정을 고려하지 않고 귀에 거슬리고 거부감이 들게 하는 말이나 제 자랑을 늘어놓는 경우나 퉁명스럽고 부정적인 말을 퍼붓는 나이 든 사람들의 경우 등은 사회적 언어기능이 부족한 사례다. 어투나 단어 선택, 언어의 리듬을 조절하지 못해 자신의 감정을 정확히 전달하지 못하는 흔한 사회적 기능 이상은 빠르면 대여섯 살 때부터 나타나기 시작한다. 이런 경우에 부모는 아이를 유심히 살펴서 끊임없이 피드백을 해주면서 사회에서 인정받는 말하기 방식을 가르쳐야 한다. 영화를 보는 도중이나 보고 난 뒤에 등장인물에 대해 서로 이야기를 나누고, 아이에게 각 인물이 나타내는 서로 다른 감정을 말해보라고 하는 등 사람의 감정이 드러나는 말을 가지고 자주 토론을 하면 많은 도움이 된다.

또 다른 사회적 언어기능으로 언어 코드 바꾸기가 있다. 언어 코드 바꾸기란 상대나 상황에 따라 말하는 방식을 달리하는 것이다. 부모에게 말할 때, 동생에게 말할 때, 친한 친구와 대화를 나눌 때, 선생님에게 생각을 전달할 때, 경찰관 앞에서 말을 할 때는 모두 말하는 방식이 달라야 한다.

부모들이 눈여겨봐야 할 또 다른 중요한 사회적 언어기능으로는 상황과 주위 사람들을 살펴가며 언제 어떻게 농담을 할지 파악하기, 요령껏 질문하기, 분위기를 파악해 상대의 기분을 어느 정도 맞춰주며 대화하기, 칭찬하기, 동시대의 문화를 반영하는 개성적인 말하기 등의 능력이 있다. 사회적 언어능력이 뛰어나다는 이야기는 의사소통을 효과적으로 한다는 뜻이며, 효과적인 의사소통은 타인과 의미 있고 활력이 넘치는 관계를 형성하는 데 큰 도움이 된다.

사회생활을 할 때 사회적 언어능력 못지않게 '사회적 행동'도 매우 중요하다. 상황에 맞는 옷차림하기, 처음 만나는 사람과 적절히 눈 맞추기, 좋지 않은 일을 당했을 때 측은한 마음 표현하기, 모임에서 회원들과 원만하게 협조하기 등은 모두 노련한 사회적 행동이다. 마찰 해결, 피드백 해석, 타인에게 자신을 선전하기, 동료들과 협동하기, 대인관계에서 일어나는 정보 이용하기 등의 측면에서 아이를 살펴보자. 과격한 행동에 의존하지 않고 마찰을 해결할 줄 안다면 사회적 행동 능력이 뛰어난 아이다.

아이가 마찰을 해결하지 못하고 과격한 행동을 하거나 울음을 터뜨린다면, 부모는 아이에게 대안을 제시해 다른 행동을 취하도록 도와줘야 한다. 아이의 잘잘못을 따지지 말고 문제 해결 기술을 가르쳐야 하며, 이런 기술은 아이에게 평생 중요한 재산이 된다. 또한 아이가 상대를 때리거나 불쾌한 행동을 했을 때 자기가 잘못된 행동을 했다는 사실을 곧바로 깨닫게 해야 한다. 상대방의 표정이나 불쾌감에 대한 피드백을 정확히 읽은 후에 잘못을 뉘우치고 행동을 수정하게 해야 한다. 문제는 서로의 차이를 얼마나 조화롭게 조절하고, 상처받은 자아를 얼마나 잘 치유하는가 하는 점이다.

주의력 조절 기능에 문제가 있거나 우뇌의 비언어성이 현저하게 낮은 아이들 중에는 상대방이 자신 때문에 화가 났다는 사실을 아예 눈치채지도 못하고 상대방의 불쾌한 감정을 공감하지 못하는 경우가 많다. 반면, 사회적 사고력을 갖추고 행동하는 아이들은 옷차림, 행동, 취향 등을 적절히 이용해서 다른 사람에게 자신을 선전할 줄도 안다.

어떤 아이들은 지나칠 정도로 직접적, 공격적, 노골적으로 자기 선전을 하면서 보란 듯이 제 자랑을 늘어놓는다. 어떤 5학년 아이는 수업 때마다 여행 가서 사온 미니어처나 문구 등을 가져와 수업 내내 옆에 두고 아이들에게 자랑을 했다. 그 아이는 실제적으로 왜소한 체격에 부정적인 언어사용을 많이 하여 항상 혼자서 지내는 외로운 아이였다.

협동 역시 사회적 행동의 중요한 요소다. 지나치게 자기중심적으로 상황을 통제하려 들거나, 자기 몫을 소홀히 해서 다른 아이들의 미움을 사는 아이들도 많다. 어떤 관계든 모두 통제해야 할 것만 같고, 자신이 속한 조가 어떤 일을 성취하면 모두 자기 공으로 돌리면서 다른 아이들에게는 트집만 잡는 아이, 술래가 되면 게임을 하지 않겠다고 버티는 아이, 모두가 사회적 행동에 문제가 있는 아이들이다.

대인관계에서 발생하는 정보를 처리하는 과정에는 상대의 본심, 감정, 표정을 읽는 일이 포함되어 있다. 뿐만 아니라 사람들의 손짓이나 팔 동작에서 의미심장한 속뜻을 해석하는 능력도 필요하다. 부모는 아이들이 자기만의 독특한 정체성과 개성을 희생하거나 해치지 않으면서 사회성을 발휘하도록 도와줘야 한다. 또한 학교에서 온종일 시간을 보내면서 말이나 행동을 할 때 자신이 친구들의 압력이나 시선에 얼마나 많은 영향을 받는지 똑바로 알게 해야 한다.

아이의 성장에 따른 사회성 발달을 살펴보면 다음과 같다.

다섯 살에서 여덟 살에 이르는 시기에는 친구들과 상호작용을 할 때 적절한 방법으로 의사소통을 하는지, 친구의 감정이나 필요를 살필 줄 아는지, 친구와의 마찰을 무리 없이 해결하는지, 자신의 경험과 물건을 적절하게 나눠 쓸 줄 아는지 등을 살펴봐야 한다.

초등학교 시절에는 우정을 쌓고, 친구들과 전화를 하며, 친구에 대해 심각한 토론을 벌인다. 4학년 정도가 되면 친구들로부터 따돌림을 받는 아이와 인기를 누리는 아이가 생기기 시작한다. 이 시기가 집단 괴롭힘이 시작되는 때다. 부모는 아이가 따돌림이나 집단 괴롭힘을 당하면서 부정적인 평판을 받는지를 살피면서 사회성 기능 중에서 어떤 부분을 개선해야 하는지 파악해야 한다. 4학년에서 중학생에 이르는 시기는 압력이 특히 높아지는 때다. 인기를 추구할 것이냐, 주체성을 택할 것이냐를 두고 많은 아이들이 늘 고민하는데, 다행히 아이들은 대부분 이런 난관을 슬기롭게 극복하며 건전한 사회성과 자신에 대한 진솔함도 잃지 않는다.

아이의 사회성을 기르기 위해 부모가 꼭 알아야 할 것

부모는 아이가 자신이 직면한 사회적 문제나 어려움을 터놓고 이야기할 대상이 되어야 한다. 아이가 대인관계의 문제를 털어놓을 때 설교부터 하려 들거나, 충고를 늘어놓거나, 너무 무덤덤하게 반응하지 말고 최우선으로 아이의 말을 귀담아들어야 한다. 그리고 "무시해버려!"라는 말보다는 "그동안 얼마나 힘들었니?"라고 말하는 편이 바람직하다. 아이들은 공감을 바라는 것이다.

부모는 아이들의 사회성을 지도하는 가정교사가 되어야 한다. 사회생활을 하며 겪었던 사회적, 정치적 문제를 들려주는 것도 좋고, 선생님이나 친구들과 바람직한 관계 형성 방법을 함께 토론해도 좋다.

모든 학교는 언어폭력과 신체폭력을 사용하는 행위를 일절 금지함으로써 집단 괴롭힘을 강력히 규제하고, 필요하다면 처벌도 해야 한다. 아이가 학교에서 심하게 따돌림을 받는다거나 놀림감이 된다거나 집단 괴롭힘을 당한다면, 부모는 이 사실을 학교에 알리거나 교육위원회에 호소할 권리와 의무가 있다. 집단 괴롭힘과 노골적인 따돌림, 고의적으로 누군가를 불행에 빠뜨리는 일이 얼마나 부도덕하고 부끄러운 일인가를 모든 학생들에게 깨우쳐야 한다.

아이들에게 사회성이 좋은 아이들과 그렇지 못한 아이들이 경험하는 학교 안팎의 사례들을 이야기해주고 곰곰이 생각해볼 기회를 줘야한다. 사회성에 관한 정규교육이나 상담을 통해서도 도움을 줄 수 있다. 사회성 훈련의 성공 사례를 보여주면서 단체활동을 권장하고 활동을 마친 후에는 그곳에서 일어난 사회성과 관련된 이야기나 상호작용을 놓고 오랫동안 토론을 벌인다.

아이의 개성에 찬사를 보내며 사람들 속에서 자기만의 독특함을 지켜가는 당당함과 용기에도 박수를 보내야 한다. 자기만의 세계를 갖고 싶어 하는 아이들, 즉 순응을 거스르고 싶어 하는 아이들에게는 아낌없는 지지와 찬사를 보내야 한다. 대인관계에서 나름대로 독자성을 유지할 필요가 있기 때문이다. 앞으로의 미래는 이러한 아이들이 더 빛을 볼 수도 있기 때문이다.

부족한 사회성, 어떻게 키워줘야 하나?

"우리 아이가 학교에서 친구들과 어울리지 못하는 것 같아요", "친구들과 노는 것보다 혼자 놀기를 즐겨요. 어떡하죠?" 자녀의 사회성 문제를 토로하는 부모가 늘고 있다. 사회성은 크면서 자연스럽게 체득한다고 여겼던 부모 세대가 내 아이의 사회성 문제를 맞닥뜨리고 고민에 빠진 것이다.

왜 내 아이는 사회성이 부족할까? 폐쇄적인 사회 환경과 너무 일찍 또래 문화를 접하는 것이 사회성 부족의 원인이 될 수 있다. 아이들의 안전을 위협하는 요소가 많은 요즘에는 대다수 아이들이 밖에서 뛰어놀기보다 집에서 혼자 노는 '나' 중심 놀이를 한다. 부모는 또래를 만나게 하려고 공연장과 키즈 카페 등을 찾지만, 이런 곳에서는 사회성을 키우는 데 필요한 '관계 정립'이 불가능하다. 타인에 대한 친밀감이 형성되지 않은 상태에서 어린이집, 탁아 시설 등 또래 집단에 일찍 노출되는 것도 원인이 될 수 있다. 부모의 양육 태도도 사회성 문제를 야기한다. 엄마가 짜놓은 일일 계획표와 학원 스케줄대로 움직이는 아이는 자율성은 물론 타협 능력이 약해진다.

상담을 하다 보면, "교회 또래들과는 문제가 없는데 친구들과는 싸운다"는 이야기를 자주 듣는다. 하지만 또래 관계와 친구 관계는 엄연히 다르다. 또래 관계는 특정한 활동으로 맺어진 관계이고, 친구 관계는 서로를 놀이 친구로 생각하고 함께 있고 싶은 관계를 말한다. 아이의 사회성이 발달했느냐 그렇지 않으냐를 판단하려면 친구 관계를 형성하고 유지하는 능력이 있는지를 살펴봐야 한다.

사회성 교육의 시작은 부모와의 애착 관계를 정립하는 것이다. 적지 않은 부모들은 아이가 문제 행동을 할 때 어떻게 하면 아이의 문제 행동을 고칠 수 있을지를 고민하지만, 우선 부모와 자녀 관계를 되돌아봐야 한다.

아이가 부모에게 애착을 느끼려면 '우리 아빠 엄마는 내 편'이라는 믿음을 줘야 한다. 타인과의 관계를 처음 경험하는 아이가 부당한 일을 당했을 경우, 무조건 아이를 혼내기보다 공정하고 현명하게 보호막이 되어줄 필요가 있다. 3세 미만의 아이는 또래 관계보다 부모·어른과의 관계가 더 중요하고, 3세 이후부터는 조금씩 또래들과 시간을 보내도록 하면 된다. 하지만 5세 미만 아이의 경우, 아이를 어른 없이 또래와 오랜 시간 두면 문제 상황이 발생했을 때 스트레스를 받기 쉽기 때문에 유의해야 한다.

문제가 발생했을 때는 섣불리 엄마의 눈높이에서 더 낫다고 생각하는 해결법을 제시해서는 안 된다. 집에 돌아온 아이가 마음을 다스릴 수 있도록 말을 들어주고 다독이고 공감해주는 것만으로도 충분하다. 아이의 마음을 진정시킨 후에는 벌어진 사건을 제3자 입장에서 판단할 수 있도록 짚어주고 문제가 불거지지 않으려면 어떻게 해야 할지에 대해 이야기하면서 해결법을 함께 찾아본다.

의사 표현이 확실한 아이로 키우는 대화 훈련법

남들 앞에서 떨리는 목소리로 의사 표현을 한다면, 제아무리 남들보다 재빨리 대답한다고 해도 사람들은 그를 말 잘하는 사람으로 인정하지 않을 것이다. 정확한 발음과 유창한 언어 구사력을 갖추는 것이 순발력을 기르는 기본이 된다는 것을 염두에 둬야 한다. 아이와 이야기를 할 때는 하던 일을 멈추고 대화에만 집중해야 한다. 눈을 맞추고 아이의 말에 잘 대답해주는 것이 언어 순발력을 키우는 첫걸음이다.

대화를 탁구 놀이로 생각하고 주고받는다

탁구를 할 때 한쪽에서 공을 받아쳐서 넘길 때까지 다른 한쪽은 공을 칠 수 없다. 대화도 마찬가지다. 아이가 말하는 동안 부모는 그 말이 끝날 때까지 무조건 듣고 지켜봐야 한다. 아이가 말을 잘 못한다고 아이의 말을 자르거나 핀잔을 주면 아이에게 부정적 자아가 형성되어 자신감을 잃게 된다. 다른 사람의 말을 듣고 응답하는 대화를 통해 말의 구성 능력이 발달하는 것이다.

아이의 말에 호응하고 격려한다

"아, 그래, 그래", "어, 그랬구나", "그래서 어떻게 됐어?" 등 아이가 말을 할 때는 맞장구를 쳐주고 적절하게 대답해서 유창성을 이끌어내는 것이 중요하다. 아이의 긍정성도 높아져서 말하는 것을 즐겁게 여기게 된다. 부모들은 흔히 "네가 뭘 안다고 그래? 가만히 있어. 시끄럽게 굴지 말고" 등의 말로 아이를 꾸짖거나 윽박지른다. 이런 일이 반복되면 조건반사가 되어서 자기 의견이 있어도 발표하거나 이야기하는 데 주춤거리게 되고 결국에는 포기해버린다.

한 가지 주제에서 벗어나지 않도록 돕는다

아이들은 이야기를 하다가 주제에서 벗어나기 쉽다. 아이가 대화의 주제를 벗어날 때는 원래 주제에 집중할 수 있도록 이끌어주고 격려해야 한다. 구체적인 대화로 아이의 대답을 이끌어내는 것이 중요하다. 이때 주의할 점은 아이가 제대로 답하지 못하더라도 혼내지 않아야 한다는 것이다. 아이를 비난하는 일은 아이가 가진 장점을 빼앗는 것과 같다.

선글라스를 끼고 말하는 연습을 한다

짙은 색의 선글라스를 끼면 차단 효과를 준다. 주변의 신경 쓰이는 것을 모두 차단하고 집중력을 발휘할 수 있도록 도와준다. 아이의 소극적이고 부정적인 마음, 할까 말까 망설이는 마음을 적극적으로 바꿀 수 있다. 또한 정확한 발음과 목소리를 갖게 되고, 발표력을 향상시키는 데도 도움이 된다.

칭찬 요법을 적극 활용한다

냉장고나 칠판에 붙일 수 있는 자석 인형을 준비하자. 아이와 서로 묻고 대답하는 형식의 놀이를 하면서 잘했다고 생각하는 순간 서로 자석을 붙인다. 만약 이야기를 하다가 주제에서 벗어나거나 제대로 대답하지 못하면 자석을 뗄 수도 있다. 아이에게 "엄마가 잘했어? 못했어?"라고 물어서 아이가 잘했다고 인정할 때만 점수를 받도록 하자. 이 과정을 통해 아이는 조리 있게 말하는 방법을 배우게 된다.

스피치 게임을 함께 즐긴다

아이와 주고받을 수 있는 공을 하나 준비하고 서로가 질문과 대답을 주고받으며 이야기가 끝날 때마다 상대방에게 공을 패스한다. 이야기를 제대로 끝내지 못하더라도 점수를 준다. 놀이를 통해 아이에게 승리의 기회를 만들어준다. 소심하고 내성적인 아이의 경우 승리하는 경험을 통해 자신감도 얻고 말하기의 재미도 알게 된다.

유머 이야기를 많이 들려준다

"치킨 다리는 오른쪽이 맛있을까? 왼쪽이 맛있을까?" 엉뚱한 질문으로 아이에게 생각할 시간을 주자. "더 잘 튀겨진 쪽요"라든지, "살이 더 많은 쪽요" 등 여러 대답이 나올 수 있다. 정답은 '오른쪽'이다. 대체로 닭이 오른쪽 다리를 더 많이 쓰기 때문에 더욱 쫄깃한 부위는 오른쪽이다. 교육용 유머, 수수께끼 등을 아이에게 많이 들려주는 것도 언어 순발력의 중요한 기초가 된다.

정확한 발음 연습을 한다

탁한 소리를 내거나 혀 짧은 소리를 내는 것은 상대방에게 좋은 인상을 주지 못할 뿐 아니라 자신의 의견을 전달하는 데도 지장을 준다. 좋은 음색을 갖게 하는 것도 중요하다. 턱을 약간 당긴 상태에서 '음~' 소리를 내는 것이 도움이 될 수 있다. 특히 고함을 많이 지르거나 하면 성대에 주름이 생겨 쉰 소리나 탁한 소리를 내게 되므로 주의한다.

하루 30분 정해진 독서 시간을 갖는다

가족 모두가 다 같이 책 보는 시간을 정한다. 이때 엄마 아빠는 신문이나 잡지 외의 책을 읽는 것이 바람직하다. 아이들은 책을 읽으면서 논리력과 유창성을 동시에 얻을 수 있다. 또한 간접경험을 통해 자기가 직접 체험하지 못한 것에 대해서도 알게 되고 남에게 이야기할 수 있는 능력을 갖게 된다.

아이마다 다 다르니 다르게 가르쳐라

비비엘 스쿨에 오는 아이들을 만나보면 쌍둥이조차도 각자의 개성대로 다 다르다. 대부분 같은 공간에서 같은 시간을 보내도 현저히 차이 나는 성향이 발견된다. 그런 모습을 볼 때마다 경이롭고 재미있다. 그래서 아이마다 다 다르게 가르쳐야 한다.

아이들은 모든 신경계를 완벽하게 갖춰서 태어나지 않으며 환경의 영향도 동일하게 받지 않는다. 그런 이유에서 부모나 교사는 정확한 지식을 기반으로 끝없는 관심으로 아이들의 강점과 약점을 파악하고 아이들 각자의 정신의 결에 따라 양육하고 교육해야 한다. 설령 아이가 약점을 보인다 해도 정신을 치유한다거나 전면 개조를 할 수는 없다. 아이의 프로필을 관리하여 상황 악화와 후유증을 막고, 심각한 학습 문제를 최선을 다해 교정하며 아이가 타고난 강점을 최대한 활용하도록 도와줄 뿐이다.

아이는 탄생 직후부터 어떻게 자랄지는 전혀 알 길이 없다. 하지만 어떤 아이든 아이들은 세상에서 하나뿐인 정신의 성장을 격려하고 사랑해주는 가정에서 살아야 한다. 그렇다면 가정에서는 어떻게 아이들을 이해하고 도와줘야 할까?

아이를 알아야 한다

부모는 아이를 독특하고 개성적이며 세상에 하나밖에 없는 개인으로 봐야 하며, 아이를 관찰하고 감지한 것에 대해 현명하고 성의 있는 반응을 보여야 한다. 그렇게 하려면 부모는 풍부한 정보로 무장하고 아이를 유심히 관찰해야 한다. 앞에서 제시한 신경 발달을 확실히 이해한다면 훌륭한 관찰자가 될 수 있으며, 이를 통해 아이의 강점과 기능 이상을 비롯해 특별한 재능에도 주목할 수 있다.

초등학교 3학년인 명호는 1학년 때 지능검사를 받으러 비비엘 스쿨을 찾았다. 유치원 시절부터 특별한 언어 감각과 부모의 열성적인 독서 지도로 높은 수준의 어휘와 글 쓰는 능력으로 영재성을 알아보기 위해서 온 것이다. 뛰어난 언어 실력과 달리, 명호는 친구들과 장난을 치거나 수업시간에 감정의 수위를 조절하지 못하고 흥분하여 혼자 크게 웃거나 주제와 상관없는 이야기를 하며 상황을 고려하지 않고 행동했다. 키도 크고 힘도 센 명호는 당연히 학교에서 주목 대상이 되었다.

지능검사 결과 명호는 좌뇌와 우뇌(언어성과 비언어성)의 현저한 기능 차이로 인한 비언어성 학습장애아였다. 명호는 술래잡기를 하다가 여자화장실로 숨은 여자 친구를 찾는다고 아무렇지도 않게 화장실 문을 열고 다니면서도 자신이 무슨 잘못을 했는지 몰랐다. 상대방의 불쾌한 감정을 전혀 공감하지 못하는 것이었다. 비언어성 학습장애의 전형적인 모습이었다. 명호 부모님은 그때부터 명호에게 사회성을 지도했고, 비비엘 스쿨에서 진행하는 교구 활동 및 깊게 사고하는 훈련을 받게 했다. 이제 명호는 수업시간에 집중해서 공부하는 아이로 성장했고, 방학 동안 외국 연수 프로그램도 혼자 다녀왔다.

문제가 보이면 적극적으로 대처하라

명호의 부모님은 처음에는 아이의 상태를 다른 아이보다 좀 더 개구쟁이 같고 적극적인 에너지 때문이라고 생각했다. 검사 후 아이를 자세히 관찰한 후에 바로 현명한 판단을 내렸다. 명호는 비비엘 스쿨에서 비언어성 프로그램을 시작했고, 집에서는 부모님이 교훈이 될 만한 책을 이용해 상대방의 감정과 상황에 맞게 공감하며 그 사람의 입장에서 생각하는 훈련을 지속적으로 시켰다. 2학년까지는 아이들과 사소한 마찰을 일으켜 명호 부모님이 학교에 주기적으로 호출되었는데, 3학년이 되면서부터 명호는 2시간 이상 앉아서 어려운 학습을 끝까지 해낼 수 있게 되었다. 특히 글쓰기와 수학에서 많은 향상을 보였고, 현재도 스스로 공부를 하고 있다. 명호의 부모님은 아이의 상태를 알고 난 후 빠른 판단과 결심으로 명호를 도와줬으며, 일이 생겼을 때마다 비비엘 스쿨에 상담을 하고 도움을 요청해 함께 문제를 해결해나갔다.

이렇듯 아이의 문제점이 보일 때는 신뢰할 수 있는 사람들에게 도움을 받는 것이 현명하다. 또한 아이가 유치원 다닐 때쯤은 아이의 상태를 한번 정도 점검받는 것을 추천한다. 아이의 상태를 알아야 정확한 교육의 방향도 알 수 있다.

아이의 강점, 재능, 소질, 직관, 취향을 살려라

몇 년 전 유난히 소심하고 내성적인 여자아이가 잔뜩 겁먹은 표정으로 비비엘 스쿨을 찾아왔다. 까무잡잡한 피부에 선한 눈망울의 유나였다. 병원 검사 소견서에는 좌뇌와 우뇌의 불균형이 심하며, 융통성 있게 문제를 해결하는 것을 어려워하고 사회성이 부족하여 또래 집단과 어울리지 못하는 것이 문제라고 되어 있었다. 유나는 수업 중에도 새로운 교구나 문제를 접했을 때는 못할까 봐, 틀릴까 봐 두려워해서 손바닥에서 땀이 날 정도로 긴장했다. 얼굴을 실룩거리는 틱장애까지 있어서 주의집중도 상당히 어려웠다. 주변 친구들의 반응이나 작은 접촉에도 깜짝깜짝 놀랐으며 화장실을 수시로 가며 어색한 시간을 회피하려는 듯 보였다.

유나는 힘들어하면서도 부모님의 협조 속에서 꾸준하게 내원했고, 차츰 얼굴 표정이 밝아지면서 행동도 당당해졌다. 이제는 수업이 어려워도 긴장감 없이 과정을 즐기는 아이가 되었다. "어렵지만 재미있어요"라며 좀 더 깊이 생각해야 하는 문제에 도전하며, 집에서도 스스로 계획하여 공부를 열심히 하고 있다. 유나의 부모님은 공부보다도 편안하게 친구를 사귈 수 있는 아이, 자신감 있게 행동하는 아이를 원했는데 공부를 열심히 하는 학구열까지 갖춘 아이가 되었다고 기뻐한다.

훈련을 시작한 지 1년이 지난 후 다시 한 지능검사에서 유나는 모든 사람들이 놀랄 만큼 향상되었으며 좌뇌와 우뇌의 균형이 거의 비슷한 수준으로 변해 있었다. 특히 작업 기억은 놀라울 만큼 향상되었다. 기억을 재인하는 능력이 우수한 유나는 앞으로 학교에서도 공부를 잘한다는 소리를 들을 것이다. 추론이 힘들어 수학을 어려워했던 유나는 이제 수학이 제일 재미있다고 말한다. 며칠 전 수업 후 유나는 "선생님은 저에게 최고의 선생님이에요" 하며 안겼다. 이 모습에 부모님과 주변 선생님들도 모두 감동했다.

아이들은 누구나 한두 가지의 강점과 재능을 가지고 있다. 그 강점과 재능을 찾아내 흥미를 느끼게 지도해주면 정신 기능은 발달하게 마련이다. 나는 아이들이 더 많은 지식과 통찰력을 축적한 특정 분야에서 전문가가 되었으면 한다. 유나의 꿈도 의사다. 아이들이 전문가로 성장할 수 있도록 할 수 있는 사람은 바로 부모다. 부모의 역할이 중요하며, 훌륭한 멘토인 교사를 만날 기회가 있으면 더 좋다.

아이들은 좋아하는 것을 할 때 스스로 열정을 보인다. 취향은 열정의 씨앗이 되어야 한다. 열정은 특정 주제에 깊게 느끼는 마음 상태이고, 취향은 특정 분야에 대해 깊이 있게 지식을 쌓고 흥미를 보이는 것이다. 따라서 요즘 아이들이 열광하는 댄스 등과는 거리가 있다. 아이들은 지적 취향과 오락 활동을 함께 누리며 발전해야 한다. 운동과 같은 순전히 즐거움을 위한 활동과 내실 있는 취향을 동시에 추구해야 한다. 부모와 교사는 학구적인 요소가 가미된 활동에 진정한 흥미를 느끼도록 잘 지도해야 한다.

마음의 상처를 주지 마라

아이들이 지구상에서 가장 기쁘게 하고 싶고, 잘 보이고 싶어 하는 대상은 바로 부모다. 자신 때문에 부모가 낙심한다고 믿는 아이들은 자존감도 낮으며 친구들에게 병적으로 의존하기 쉽고 친구에게 잘 보이려고 지나치게 신경을 쓰거나 집착한다. 이런 아이들은 움츠러들거나, 오직 미래에 대한 계획성 없이 현재만을 생각하거나, 공격적이 되거나, 아니면 자신이 무능하고 별로 중요하지 않은 존재라는 생각과 근심 속에 기가 죽기 쉽다.

이처럼 비관적인 자세가 되면 학습에 문제가 생기고 동기가 유발되지 않으며 자존심에 상처를 입는다. 따라서 부모는 아이들이 자신의 행동과 학습에 책임감은 느끼게 하되 부정적인 피드백을 지나치게 많이 하여 비관적인 태도로 흐르지 않도록 주의해야 한다.

부모가 아이에 대한 불만을 가장 크게 느끼는 이유는 자녀들을 비교하기 때문이다. 그렇지 않아도 아이들 스스로 끊임없이 서로를 비교한다. 자신보다 월등한 형이나 누나, 동생과 함께 산다는 것은 고달

픈 일이다. 부모는 아이들이 자기만의 강점과 취향을 발휘하는 영역에서 빛을 발하면서 다른 형제들과 다른 방식으로 성공할 수 있다는 것을 보여줄 기회를 만들어야 한다.

부모는 결정적이고 단언하는 말을 조심해야 하며, 아이의 말을 귀담아듣는 훈련을 해야 한다. 아이들에게 억눌린 감정, 근심, 주관적 개념, 오해, 잘못된 행동 등을 마음에 담아두지 말고 모두 밖으로 드러내야 바람직하다는 것을 알려줘야 한다. 부모는 아이들의 고백을 잠자코 듣기만 하고 거의 말을 하지 않는 편이, 설교나 비난을 하거나 아이의 말을 하찮게 여기거나 오해를 하는 것보다 나을 때가 많다.

학교와 협력하여 도움을 받아라

부모는 학교와 동반자가 되어야 한다. 학교가 아이에게 무엇을 요구하는지 분명히 파악한 후에 기대 수준을 충족하도록 아이를 지원해야 한다. 부모는 교사로부터 받은 정보를 가지고 아이의 교육 자문 노릇을 할 수 있다. 주제를 정하고 자료를 찾아 정리하고 일을 시작할 때 곁에서 도와주고, 어려움에 빠졌을 때는 아이를 구출하기도 한다.

학교는 아이에게 학습법을 가르칠 책임이 있고, 부모는 학습법의 활용을 가르칠 의무가 있다. 부모는 일주일에 적어도 5일 저녁은 아이가 일정한 시간 동안 숙제와 공부를 하여 두뇌를 사용하도록 해야 한다. 두뇌를 건강하게 유지하는 일은 건강을 유지하는 것만큼이나 중요하다는 사실을 아이들에게 주지시켜야 한다. 부모는 숙제를 억지로 시키기보다는 스스로 하게끔 자극을 주는 현장감독이어야 한다.

매일 밤 자기 전에 자동적으로 수학 공부를 하거나 기본 어휘나 맞춤법을 익히거나 글씨를 쓰는 등의 습관을 익히게 하는 것도 부모의 책임이다. 학교에서는 습관까지 훈련시킬 시간적 여유가 없다. 이런 습관을 익히지 못하면 아이가 너무 뒤처져 학습 내용을 따라가기 힘들어질 때 절망적인 기분에 빠질 수 있으므로 부모는 매일 훈련을 시킬 필요가 있다.

지적인 집안 분위기를 만들어라

아이들은 부모의 언행을 보고 학습한다. 가정은 사랑, 분별 있는 의사결정, 도덕적, 정신적 가치, 규범, 건강한 신체, 마음의 안정을 제공해야 하며, 더불어 아이의 신경이 건강하게 발달할 수 있도록 해야 한다. 또한 가정에서는 아이가 학습에 흥미를 갖도록 도와야 한다. 부모는 아이가 학교에서 배운 내용을 부모 앞에서 설명할 기회를 만들어주며 학습에 깊은 관심을 보여야 한다. 남을 가르치는 것이 제일 효과적인 학습법이다. 학교에서 배운 내용에 부모가 흥미를 보이면 아이는 자극을 받아 배운 내용을 더욱 충실히 익힌다.

TV 시청이나 게임 같은 수동적 활동을 할 때는 일정한 시간에 하도록 제한해야 하며, 어떤 생각이나 문제 해결 방법들, 그 밖에 의견이 분분한 문제들을 놓고 함께 토론함으로써 가정에서 지적 활동을 자연스럽게 할 수 있어야 한다.

너무 꽉 짜인 시간표에 따라 생활하지 마라

월요일에는 축구, 화요일에는 바이올린 등 너무 꽉 짜인 시간표에 따라 생활하게 하는 것은 좋지 않다. 아이들은 브레인스토밍을 하고 창의적 활동을 하며 상상을 즐길 시간을 가질 수 있어야 한다. 아이 성적표의 점수보다는 과정의 성실성에 보상해야 한다. 열심히 노력했거나 숙제를 빠짐없이 제출했거나, 일정 시간 동안 주의집중해 공부했다면 점수에 상관없이 충분히 칭찬해야 한다.

아낌없이 칭찬하고 미래를 긍정적으로 보게 하라

아이가 자기 힘으로 일을 해냈을 때는 칭찬을 아끼지 말아야 한다. 이런 칭찬은 동기 유발과 지적 활동을 활발하게 하는 최고의 연료다.

아이들은 미래가 밝다고 느낄 때 정신이 발달한다. 부모는 아이들이 앞으로 닥칠 일을 낙관적으로 생각하도록 도와줘야 한다. 아이의 취향과 신경 발달의 강점을 찾아내어 아이가 어른이 되어 훌륭하게 할 수 있는 흥미진진한 일을 이야기해볼 수도 있다. 아이들은 누구나 자신이 추구하는 미래의 모습이 성취 가능하며 추구할 가치가 있다고 믿으며 자라야 한다. 아이들은 믿는 만큼 성장한다.

2장

두뇌
훈련
놀이
115

감성(EQ)을 개발하는
심상력 놀이 11가지

'심상력(imagination)'은 환상이나 꿈에서처럼 마음속으로 상을 유도하도록 하는 활동이며, 자의식 고취와 감성지능 향상을 목표로 하는 활동이다. 소리를 듣고 눈을 감고 마음속으로 그림을 그리도록 하는 기초 심상 활동에서부터 이야기를 들려주면서 이야기 내용을 상상하도록 하는 이야기 활동, 감정을 투사하여 내 감정의 상태를 알아보고 상대방의 입장에서 감정을 공감하게 하는 감정이입 활동, 가족과 친구와의 관계에서 나의 위치와 감정을 알아보는 활동이 포함된다. 또한 물체를 만져보고 떠오르는 감정 표현 활동, 특별한 기억을 유도하여 그 시간으로 되돌아간 듯한 회상 촉진 활동 등으로 어떤 영감을 얻도록 하는 활동이다.

놀이 1. 다양한 색깔을 보여준다

아이가 주로 생활하는 공간에 선명한 색깔의 그림을 걸어둔다. 침대 주변이나 이불 등 아이가 시선을 두는 곳에 동물이나 꽃, 다양한 색깔을 보여주는 것도 색에 친숙해지는 방법이다. 다양한 색에 대한 경험을 쌓으면서 색감을 키울 수 있다.

놀이 2. 어릴 때부터 색 카드를 만든다

색 이름을 부르면서 같은 색이 들어 있는 카드를 만들어 아이에게 보여준다. 영아일 경우 엄마의 말을 잘 못 알아들어도 색 이름을 부르면서 카드를 보여주면 색 감각을 키울 수 있다.

놀이 3. 손도장과 발도장을 찍는다

손바닥에 아이가 좋아하는 색깔의 물감을 묻혀 깨끗한 종이 위에 손을 얹고 꾹꾹 눌러 손도장을 찍는다. 여러 색깔의 물감을 준비해서 아이에게 "이건 노란색이야. 병아리 인형 색깔이네"라고 하면서 색에 대한 이야기를 해준다. 엄마의 손도장도 함께 찍어서 아이의 손과 비교해보고 어떻게 해야 손도장이 더 잘 찍히는지 관찰하게 한다. 아이가 자신의 몸에 대한 관심을 갖고 인식할 수 있게 된다.

놀이 4. '나'를 그리게 한다

아이를 종이 위에 눕게 한 후 머리부터 발끝까지 몸 전체의 윤곽을 그려준다. 벽에 종이를 붙여서 아이를 등지고 서게 한 후 그려도 좋다. 아이가 자신의 몸이 그려진 윤곽 안에 눈, 코, 입, 손, 발 등을 그려넣게 한다. 또한 아이가 입은 옷이나 머리핀, 지퍼, 단추, 주머니 등을 그려넣으면서 '나 그리기'를 완성해나간다. 자신을 왕자, 공주, 의사 등으로 상상하여 그려보거나 미래의 모습을 그려보는 것도 재미있다.

놀이 5. 데칼코마니를 만든다

도화지를 반으로 접은 후 펼쳐서 한쪽 면에 물감을 찍고 다시 도화지를 접었다가 펼쳐본다. 그림이 마른 후 그림을 이용하여 자신이 상상한 내용을 완성해서 그려보도록 한다. 여러 가지 무늬를 보고 닮은 사물 및 동물이나 연상되는 이미지를 이야기해보도록 한다.

놀이 6. 다양한 모양의 스탬프를 찍는다

몸에 대한 명칭과 각각의 특징에 대한 이야기를 한 후에 신체 부위를 대고 그려본다. 손, 발, 엉덩이, 허벅지 등의 신체 모양을 본떠서 연상되는 그림을 그린다. 손바닥을 펼쳐서 그린 그림 위로 어미 닭의 모습을 그려넣거나 엉덩이 부위에 나비 모양을 그려넣는 것도 재미있는 놀이가 된다. 또 당근, 감자 등 다양한 채소를 이용해 모양을 찍은 후 연계하여 상상되는 그림을 그려넣도록 한다.

놀이 7. 지문으로 그림을 그린다

손가락에 잉크와 물감을 묻혀 지문을 찍고 연상되는 그림을 그린다. 손가락 지문을 연결하여 꿈틀거리는 애벌레를 완성시키거나 눈이 내리는 마을의 풍경 등 다양한 그림을 그릴 수 있다. 아이의 작은 손가락과 엄마의 굵은 손가락 지문이 어떻게 다른지 비교하면서 찍어본다.

놀이 8. 비닐 위에 그림을 그린다

늘 이용하는 스케치북이나 도화지 대신 색다른 재질이나 독특한 느낌의 비닐 위에 그림을 그리도록 한다. OHP 필름 위에 유성 매직으로 그림을 그리거나 그 그림에 맞는 색 도화지를 선택한 후 배경 그림을 그려보도록 한다. 투명한 OHP 필름 때문에 다양한 느낌을 경험할 수 있고 풍부한 상상력을 키울 수 있다.

놀이 9. 사진 그림을 이용하여 그림을 만든다

잡지나 책에서 얼굴 사진을 오려서 도화지에 붙인 후에 각 인물을 아이들이 자유롭게 표현할 수 있게 한다. 아이가 인물에 맞게 주변 상황을 창의적으로 그려넣게 하고 사진 속 인물에 대해 서로 이야기를 나눈다. 인물 사진으로 각 부분을 창의적으로 표현하면서 연상력을 키울 수 있고 사진 속 얼굴에 투영하여 가족 간의 사랑을 느낄 수 있다.

놀이 10. 재미있는 얼굴을 만든다

다양한 모양의 눈, 코, 입, 머리 모양들을 오려서 빈 종이 위에 놓고 웃는 눈, 우는 눈, 비뚤어진 코, 파마머리 모습 등 재미있는 얼굴 표정을 만들어보게 한다. 새로 만들어진 인물을 보고 무엇을 만들었는지 표정은 어떤지 이야기해보고 이름과 별명을 지어본다. 인물 캐릭터를 창조하는 기회를 주어 다양한 감정을 공감하게 된다.

놀이 11. 마음대로 그리게 한다

흰 종이와 크레파스를 주고 마음대로 그려보도록 한다. 잘 그리는 것보다는 그냥 마음대로 끄적거려 낙서를 하도록 유도한다. 원하는 대로 그리면서 떠오르는 이미지를 가지고 이야기해본다. 마음대로 낙서하는 활동을 통해 이미지를 발견할 수 있고 내면의 속마음을 발산하는 카타르시스를 느낄 수 있다.

연상력으로 창의성을
키우는 놀이 13가지

'연상력(reminiscence)'은 논리적인 연결 없이 일련의 생각들을 써내려가는 '자유 연상 활동', 제시된 낱말이나 도형에 대해 떠오르는 연상, 낱말 이어가기 등의 연속적인 이미지 생성 활동을 말한다. 흔히 말하는 창의성을 키우는 학습 영역이다. 창의성을 키우기 위해서는 다양한 아이디어를 만드는 '유창성', 자유로운 시각을 갖게 하는 '융통성', 자신만의 '독창성', 창의적인 완성으로 이끄는 '정교성'을 훈련해야 한다.

아이가 자유로운 연상 활동을 할 수 있으려면 부모가 아이의 엉뚱한 생각이나 발상을 무시해서는 안 된다. "그건 불가능해"라는 말보다는 "그렇게 되려면 어떻게 해야 할까?" 등 긍정적인 말로 아이의 상상력과 창의력을 자극하는 것이 중요하다.

놀이 1. 다양한 모양의 선을 이용한 연상 활동

A4 용지의 중앙에 밑그림을 그려서 아이에게 준다. 선을 주의 깊게 관찰하게 한 후에, 눈을 감고 그 선을 구성하고 있는 사물의 모습을 떠올리게 한다. 눈을 뜨고 생각한 내용을 이야기해보고 종이에 표현하게 한다. 그림의 제목을 짓고 독창적인 생각을 표현해볼 수 있도록 격려한다.

놀이 2. 사물을 기억해서 그리기

사탕, 장난감, 연필, 인형, 주방기구 등 여러 가지 물건을 준비해 아이에게 잠깐 보여주고 눈을 감게 한다. 그 물건의 모양을 마음속에 그려보게 한다. 마음속에 그린 물건의 모양을 실제로 그려보게 한다.

놀이 3. 주머니 속의 물건 만지기

여러 가지 물건을 주머니 속에 넣은 다음 왼손과 오른손을 번갈아넣어서 물건을 만져보도록 한다. 물건의 특징과 느낌이 어떠한지 이야기하고 무슨 물건인지 생각하도록 한다. 주머니에서 물건을 꺼내 확인하고 이야기했던 것과 어떻게 다른지 관찰하게 한다.

놀이 4. 단어 보고 생각나는 것 말하기

귤, 뱀, 땅, 눈, 코, 사과, 나무, 하늘, 바다 등 한 음절이나 두 음절의 단어를 종이에 쓴다. 단어를 보고 생각나는 것을 이야기하게 한다(색깔, 사람, 물건 등). 생각나는 것을 종류별로 이야기해본 후 떠오르는 단어를 계속 이어간다.

놀이 5. 이야기 연결하기

"원숭이 엉덩이는 빨개. 빨가면 사과. 사과는 맛있어. 맛있으면 바나나. 바나나는 길어~"처럼 두 사물 간의 연관성을 생각해서 이야기를 연결해나간다.

놀이 6. 만약에 게임

"사탕이 없어진다면 어떻게 될까?", "해가 뜨지 않으면 세상은 어떨까?" 하는 질문을 던져서 아이의 상상력과 창의력을 자극한다. 아직 일어나지도 않은 일을 상상하는 것만으로도 좋은 자극이 된다. 처음에는 단순한 질문을 하고 점차 그 수준을 높인다. 어릴수록 주변에 있는 구체적인 물건을 예로 드는 것이 좋다. 셋을 세는 동안 대답을 못하면 질문한 사람의 부탁을 들어주는 게임을 해도 재미있다.

놀이 7. 도형으로 그림 그리기

○◇☆□△▽ 등 도화지에 여러 가지 도형을 그린 다음 이 도형들을 이용해서 아이에게 그림을 그리도록 한다. 도형을 하나만 사용해도 좋고, 두 개를 같이 사용해서 그려도 좋다.

놀이 8. 여러 표정의 사진을 보고 이야기 꾸미기

표정이 다양한 얼굴이나 동물 사진을 준비한다. 웃는 표정, 먼 산을 바라보는 표정, 재미있는 표정, 우는 표정, 부끄러워하는 표정 등의 사진을 놓고, 표정을 보면서 무슨 일이 일어났는지 이야기해본다. 두 가지의 다른 표정을 연관시켜서 이야기를 만들어도 본다. 얼굴을 보고 연상되는 상황을 표현하면서 창의적 사고를 키울 수 있다.

놀이 9. 그림을 보며 상상하기

강아지가 짖고 있는 그림 카드, 동물과 사람이 함께 있는 그림 카드 등 어떠한 상황이 펼쳐지는 그림 카드를 준비해 그림 카드의 상황을 이용해서 질문을 한다. "강아지가 멍멍 짖는데 그 전에 어떤 일이 벌어졌을까?", "송아지와 소년이 무슨 이야기를 하고 있을까?" 등의 질문으로 아이가 그림의 상황을 말하도록 유도해도 좋다. 아이가 이야기 만드는 것을 힘들어하면 엄마가 먼저 시작해서 이야기를 만들어준다.

놀이 10. 그림의 상황을 상상하며 이야기 만들기

생일잔치 그림, 아이들이 놀고 있는 그림, 여행을 떠난 그림 등 특정 상황이 전개되는 그림을 준비한다. 그림을 보고 어떤 상황인지, 그 상황에 뭐가 필요한지, 등장인물은 누구인지 등을 이야기해본다. 생각을 그림으로 표현하거나 잡지 등을 오려 붙여 표현하게 한다.

놀이 11. 이름 짓기

아이와 함께 블록으로 다양하게 모양을 만들고, 함께 만든 모양에 이름을 붙인다. 구성된 모양으로 역할극이나 인형 놀이를 해본다.

놀이 12. 연상기차

끝말잇기를 하듯이 연상기차 놀이를 한다. 예를 들어 "사과-백설공주-난쟁이-요정-피터팬-후크선장-악어-시계-종-학교"처럼 연상되는 단어들을 제시하여 생각하지 못하는 사람이 지는 게임이다. 이때 꼭 그 단어들을 연상한 이유에 대해 설명하게 한다.

놀이 13. 빨강, 노랑, 파랑의 세상 경험하기

두꺼운 도화지나 폼 보드를 이용하여 커다란 돋보기의 모양을 만들고 그 위에 색색의 셀로판 종이를 붙여서 아이들이 들고 다니면서 볼 수 있도록 한다. 눈에 너무 가까이 대고 돌아다니면 어지러울 수 있으니 주의하게 한다. 파란색으로 세상을 볼 때 어디에 있는 것 같으냐는 질문에 아이가 물속에 있다고 대답한다면 물고기 흉내를 내보게 하는 것도 좋다. 여러 색의 셀로판 종이를 이용하여 세상을 다르게 봄으로써 색에 따라 장소의 느낌이 다르다는 것을 인지할 수 있다.

순발력을 키우는
직관력 놀이 10가지

'직관력(intuition)'은 번뜩이는 영감이며, 순간적인 감각이나 예리한 통찰력으로 주어진 문제의 해답을 생각하는 활동이다. 직관은 인간의 자연스러운 능력이다. 마치 전율과 같은 명료한 예견이자 창의적인 힘이며, 내면의 경고이자 영감이며, 발견과 결단의 열쇠와도 같은 것으로 일상생활에서의 좋은 충고자다. 또한 순간 몰입을 유도해서 주의집중력과 단기기억을 강화한다. 그렇게 두뇌를 자극하면 통찰력과 연계되어, 문제를 해결하는 데 집중력을 발휘하거나 방금 본 상황이나 사물의 특징을 정확하게 포착할 수 있고 어떤 상황을 예측하거나 순발력을 키울 수 있다.

순발력을 키우면 다음과 같은 4가지 점에서 좋다.

첫째, 상황 대처 능력을 키울 수 있다. 순발력이 좋은 사람들은 불리한 상황에서도 자신에게 '플러스'로 바꿀 수 있는 방법을 생각해서 위기를 모면한다.

둘째, 직관력이 뛰어나고 결단력도 빠르다. 순발력이 좋다는 것은 두뇌 판단력이 빠르다는 것과도 통한다. 상황을 판단하는 능력이 뛰어나고 어떻게 행동해야 할지를 알기 때문에 결정도 빠른 편이다.

셋째, 자신감 있는 아이로 자란다. 무슨 일이든 적극적으로 도전할 줄 알고 열정 넘치는 사람이 된다. 순발력이 좋은 사람은 실패에 대한 두려움이 크지 않기 때문에 자신이 하는 일에도 자신감을 갖는다. 상대적으로 순발력이 떨어지는 사람은 소심하고 내성적이기 쉽다.

넷째, 운동능력이 좋아진다. 순발력은 모든 스포츠의 기본이다. 특히 달리기 등 스피드가 중요한 운동의 경우 순발력이 뒷받침되어 있다면 남들보다 앞서가는 데 도움이 된다.

놀이 1. 하나 빼기 놀이

음률에 맞춰 가위바위보를 할 때 양손을 내민다. '하나 빼기'를 외치며 두 손 중에 한 손을 뒤로 빼고 앞에 남아 있는 손으로 대결하여 가위바위보의 승자를 가린다. 순간적인 판단력을 필요로 하여 두뇌의 민첩성과 순발력을 키우게 된다.

놀이 2. 미로 찾기 놀이

미로를 보며 길을 찾아보게 한다. 미로 찾기를 할 때는 전체 길을 눈으로 먼저 파악하면서 왼손으로 길을 따라가는 활동을 먼저 하는 것이 중요하다. 그 후 연필로 선을 그으면서 시행착오 없이 한 번에 이어 찾도록 지도한다. 길을 찾는 것이 목적이 아니라 눈과 손의 협응력과 예측 능력, 시각적 계획 능력을 훈련해야 시행착오를 줄일 수 있다.

놀이 3. 틀린 그림 찾기

일부분만 조금 다른 두 장의 그림을 비교하여 제한된 시간 안에 서로 다른 부분을 찾아보는 놀이다. 이때 시간을 정해놓고 활동을 진행하도록 한다. 전체와 부분의 형태를 예리하고 섬세하게 관찰하고 비교하여 두뇌의 민감성과 민첩성을 키울 수 있다.

놀이 4. 거꾸로 말하기

단어를 거꾸로 말하는 놀이다. 예를 들어 '아빠'는 '빠아'로, 엘리베이터는 '터이베리엘'로 말해보고 점차 문장으로까지 진행한다. 글자를 거꾸로 말하며 직관적으로 다시 거꾸로 생각하여 재인하는 활동을 통해 두뇌의 직관력과 순발력, 민첩성을 동시에 키울 수 있다.

놀이 5. 찰칵, 순간 포착!

사물이나 주변의 사진을 5초간 집중하여 본 후 사진 찍듯이 기억했다가 사진 속 사물의 위치나 색, 모습 등을 기억하여 그림으로 표현하게 하거나 말하게 한다. 또는 탁자 위에 물건들을 놓고 3~5초 정도 보면서 위치를 기억하게 한 후에 아이의 눈을 가리고 마구 흩어놓고, 아이에게 제 위치를 찾게 한다. 사물의 위치와 방향 등을 순간적인 각인에 의해 단기적으로 기억하게 하므로 집중력과 관찰력을 훈련할 수 있다.

놀이 6. 무엇이 없어졌을까?

탁자 위에 각기 다른 물건을 올려놓고 아이의 눈을 가린 후 한 가지 사물을 숨기고 무엇이 없어졌는지 말해보게 한다. 익숙해지면 탁자 위에 올리는 물건의 수와 숨기는 물건의 수를 점차 늘리고, 물건도 질서 있게 놓지 말고 무질서하게 놓고 놀이를 진행한다. 순간적인 집중으로 단기기억력과 직관력을 키울 수 있다.

놀이 7. 같은 그림 찾기

동일한 크기의 똑같은 그림을 두 장씩 20세트 정도 준비한다. 그림을 모두 뒤집어놓고 엄마와 아이가 번갈아가며 두 장씩 뒤집어 어떤 그림이 있는지 확인하면서 같은 그림이 나오면 그 그림 카드를 가져간다. 상대편이 그림을 뒤집을 때도 어떤 그림이 있는지 잘 기억했다가 같은 그림을 찾아 가져가면 된다. 형태를 변별하고 분류하는 능력은 물론 순간적인 포착 능력과 더불어 단기기억력에 따른 순발력과 민첩성을 키울 수 있다.

놀이 8. 자동차 번호 찾기

자동차를 타고 가면서 자동차 번호판을 보고 간단하게는 '1이 들어간 번호판 찾기' 등 임의의 숫자가 들어간 번호판을 찾아본다. 조금 큰 아이라면 '자동차의 네 자리 수를 합쳐서 15 이내의 수 찾기' 등 연산을 필요로 하는 놀이를 하도록 유도한다. 차량들 중에서 자신이 원하는 숫자의 조합을 찾아내면서 집중력과 민첩성을 기를 수 있다.

놀이 9. 신문에서 글자 찾기

신문에서 특정 글자를 찾아 동그라미를 치는 놀이를 해본다. 예를 들어 '정부', '나라' 등의 글자가 신문 한 면에 몇 번이나 등장하는지 정해진 시간 안에 민첩하게 찾는 활동을 진행한다. 글자를 하나하나 읽는 것이 아니라 전체의 형태 안에서 일정한 글자를 찾는 활동은 고도의 주의집중력과 순간적인 포착 능력을 키울 수 있다.

놀이 10. 빠진 카드 찾기

1부터 5까지의 숫자 카드를 준비한다. 순서대로 나열한 다음 그중 한 장을 빼낸다. 아이에게 어떤 숫자가 빠졌는지 말하게 한다.

오감을 이용한 감각력
키우는 놀이 13가지

교육 효과
- 크기 및 색에 대한 시각적 인지 능력 향상
- 소리를 통한 자극으로 청각의 민감성 및 관찰력의 향상
- 맛과 냄새를 통한 감각 자극 및 상상력 발달
- 대근육과 소근육을 섬세하게 사용하며 촉감 발달과 집중력 향상

'감각력(sensation)'은 오감을 활용하는 활동으로, 다양한 주변 사물들을 시각, 청각, 미각, 후각, 촉각 등을 이용하여 경험하고 파악하는 전반적인 기초 놀이 활동과 평소에 사용하지 않는 왼손, 왼발 등의 반대쪽을 활용하는 활동 등을 한 감각씩 집중적으로 하는 것이다.

아이들은 머리가 아니라 감각기관을 통해 체험하며 지식을 쌓는다.

양손이나 오감을 최대한 사용하여 좌뇌와 우뇌를 고루 발달시켜야 창의성, 직관력, 논리적 사고력, 문제 해결력 등을 키울 수 있다.

놀이 1. 링 던지기

출발선을 정하고 링을 던져 링 판에 꽂게 한다. 처음에는 링 판을 가까이에 두고 차츰 간격을 둬서 조금씩 멀리 링 판을 옮겨서 놀게 한다. 왼손에서 오른손으로 손을 바꾸거나, 가까운 거리에서 먼 거리로 거리를 조절하는 등 다양한 방법으로 던지게 한다. 막대의 길이와 위치에 따라 링을 던지는 방향과 위치를 다르게 조절할 수 있는 공간 인식력을 키울 수 있으며, 힘의 조절 능력과 주의집중력을 키울 수 있다.

놀이 2. 조심조심 가져가기

아이스크림 막대 등을 마구 쌓은 후 아이가 다른 막내를 건드리지 않고 막대 한 개를 조심해서 가져가게 한다. 막대가 없을 때는 젠가 등을 이용해도 상관없다. 점차 가는 막대로 시도하면서 엉켜 있는 막대들을 건드리지 않고 꺼낼 수 있는 방법을 창의적으로 생각하게 한다. 엉켜 있는 나무 막대들을 꺼내는 과정을 통해 스스로 문제 해결력을 기를 수 있으며, 소근육을 적절히 활용해 감각력을 기를 수 있다.

놀이 3. 발가락으로 바둑알 옮기기

여러 개의 바둑알을 바닥에 흩어두고 맨발로 하나씩 다른 장소로 옮기게 한다. 이때 주로 왼발을 사용하게 하며 바둑알을 옮기는 발은 바닥에 닿지 않도록 주의시킨다. 엄마와 함께 바둑알을 더 빨리 옮기는 게임도 해본다. 점차 개수를 늘려서 진행한다. 발가락을 이용함으로써 소근육을 발달시키고 발의 촉감 및 감각력을 발달시킬 수 있다.

놀이 4. 동물 흉내 내기

동물이 들어간 음악을 들으면서 느끼는 대로 동물의 흉내를 내거나 움직이는 걸음걸이나 동물 특유의 동작과 율동을 취한다. 생상스의 〈동물의 사육제〉, 쇼팽의 〈강아지 왈츠〉, 차이콥스키의 〈백조의 호수〉, 요나손의 〈뻐꾸기 왈츠〉, 영화 〈히타리〉의 삽입곡 〈아기 코끼리의 걸음마〉 등을 이용한다. 추상적인 음을 통해 구체적인 동물을 떠올림으로써 음에 대한 감각을 키울 수 있다.

놀이 5. 무슨 소리일까?

생활 주변에서 들을 수 있는 소리를 녹음하여 들려주면서 무슨 소리인지 생각하도록 한다, 아이 스스로 소리를 상상하면서 음의 기초 요소에 대한 민감성을 키울 수 있고 상상력을 키울 수 있다. 찌개 끓는 소리, 이 닦는 소리, 책장 넘기는 소리, 자동차 소리, 동물 울음소리 등을 들려주고 그 상황을 상상하면서 이야기하도록 한다.

놀이 6. 소리 만들기

'짝짝', '딱딱', '쿵쿵', '톡톡'과 같이 손과 발로 낼 수 있는 소리를 내보고, 다른 부위의 소리도 내본다. 몸 안에 대해서도 생각해본 뒤 소리를 내본다. 음의 높낮이와 음색에 대한 민감성을 키울 수 있다.

놀이 7. 악기 소리 알아맞히기

현악기, 타악기, 국악기 등 다양한 소리를 들려주고 어떤 악기 소리 인지를 생각해보도록 한다. 다양한 악기 소리를 듣고 그 악기 소리에 대한 느낌을 그림으로 그려보도록 한다.

놀이 8. 소리 알아맞히기

상자 안에 다양한 물체를 넣고 소리를 알아맞히도록 한다. 소리 상자 안에는 콩, 쌀, 동전, 성냥개비, 클립 등을 넣어 아이들이 듣고 소리를 상상할 수 있도록 준비한다. 소리에 대한 민감성과 소리를 듣고 사물을 구별할 수 있다.

놀이 9. 음악 특징에 맞춰 춤추기

왈츠, 행진곡, 동요 등 다양한 장르의 음악을 준비하여 음악에 따라 자유롭게 느낌을 표현해보고 여러 가지 방법으로 다양하게 표현함으로써 독창성을 키울 수 있으며 신체 발달에도 도움이 된다.

놀이 10. 레이더 게임

벽에 색연필로 목표점을 찍고 아이의 눈을 가린 후 소리를 듣고 목표 지점으로 가게 한다. 목표 지점 가까이 가면 박수를 크게, 멀어지면 작게 치면서 소리를 듣고 목표 지점을 찾아가도록 한다. 또한 다양한 소리를 들려주고 목표 지점으로 찾아갈 수 있도록 한다. 예를 들어 악기 소리에 따라 특정 악기를 잘 식별하여 찾아갈 수 있도록 한다.

놀이 11. 실뜨기

아이와 마주 앉아 번갈아가면서 손가락을 실 사이로 집어넣어서 실 뜨기를 한다. 양손과 열 손가락을 다 사용하면서 놀이를 하는 동안 양 쪽 뇌가 자연스럽게 활성화된다.

놀이 12. 신문지 찢기

신문지를 바닥에 펼쳐놓은 후 맨발로 신문지 찢기 놀이를 한다. 절 대로 손을 대서는 안 되며 발바닥과 발가락을 모두 사용해서 최대한 많이 찢을 수 있게 한다. 음악을 틀어놓고 춤추듯이 놀이해도 좋다. 어느 정도 찢은 후에는 앉아서 손가락으로 최대한 얇고 길게 찢도록 하고, 찢어지는 소리를 들을 수 있게 한다. 마지막으로 신문지들을 단 단하게 뭉쳐서 테이프를 감아 공을 만들어서 놀게 한다.

놀이 13. 마법의 상자에서 블록 꺼내기

빈 상자나 통을 준비해 구멍을 낸다. 상자 안에는 다양한 형태의 블 록을 넣어두고 아이가 들여다보지 못하게 한다. 상자에서 블록을 한 개씩 꺼내보며 아이에게 모양, 재질, 색깔 등을 맞혀보도록 한다.

도형 인식력을
키우는 놀이 5가지

　도형 인식력은 추상적인 개념이나 구체적 사물을 평면적인 선·도형으로 파악하는 활동, 분할된 도형들의 면적을 맞춰보는 활동, 점, 선, 면 등을 활용하는 활동을 말한다. 도형 인식력이 뛰어나면 수학에서 도형 학습이 쉬워진다.

놀이 1. 도형의 이름 맞히기

동그라미, 세모, 네모를 보여주며 이름을 말한다. 각각의 도형을 손으로 만지면서 도형의 특성을 익히게 한다. 동그라미라면 손가락으로 둥글게 만지면서 "이건 동그라미", "막대기 세 개가 모여 끝이 뾰족하게 생긴 점이 세 개 있는 것이 세모", "막대 네 개가 모여 있고 끝이 뾰족한 점이 네 개 있는 것이 네모"라고 구체적으로 설명한다. 이렇게 하면 도형의 이름을 알 수 있고 눈과 손의 협응력을 기를 수 있다.

놀이 2. 모여라! 흩어져라!

① 같은 모양 도형 찾기

세모, 네모, 동그라미를 흩어놓은 뒤 같은 모양끼리 모으게 한 후에 크기대로 쌓거나 늘어놓게 한다. 또는 여러 색깔의 같은 크기 도형을 모아서 쌓거나 늘어놓게 한다. 색깔 감각과 미적 감각을 키울 수 있으며 집합 개념과 많고 적음의 양 개념도 터득할 수 있다.

② 같은 색깔 도형 모으기

"빨강!"이라고 특정 색깔을 불러준다. 여러 색깔과 다양한 형태의 도형 중에서 빨간색의 도형만 찾아서 모으는 놀이를 한다. 다 모으면 도형별로 개수를 세고, 전체의 개수를 세어본다.

③ 같은 크기의 색깔 도형 모으기

세 가지 조건을 동시에 생각하도록 유도하는 놀이다. 모양이 같아야 하고, 크기가 같아야 하며, 색깔이 같아야 한다는 조건을 모두 충족시키는 도형을 찾아서 모으도록 한다.

④ 크기는 같고 색깔이 다른 도형 모으기

크기는 같지만 색이 다른 도형을 모으려면 네 가지를 동시에 생각해야 한다. 모양, 크기, 색깔을 생각해야 하고 이어서 색깔이 다른 것을 분류해야 한다. 조직적이고 체계적인 사고력을 키우는 효과가 있다.

⑤ 도형별로, 숫자대로 모으기

도형을 분류하고, 그 후 숫자까지 세어야 하는 난이도 높은 모으기 놀이다. "빨간색 세모 두 개, 노란색 네모 세 개, 초록색 동그라미 네 개를 찾아보자!"라고 제시한다. 아이는 도형을 색깔대로 분류하고 다시 모양대로 분류한 후에 숫자에 맞춰 모으는 과정을 거쳐야 한다. 수학적 변별력을 비롯해 사고력, 집중력, 관찰력 등을 향상시킨다.

놀이 3. 숨은 도형 찾기

주변 사물이나 창문, 시계, 그릇 등에 어떤 도형들이 숨어 있는지 찾아본다. 또는 기본 도형의 모양과 닮은 모양을 찾아 도형과 비교하며 알아본다. 아이들이 가지고 노는 장난감에 숨어 있는 도형을 찾아보게 한다. 예를 들어 인형 옷에 동그란 단추가 있다면 동그라미를, 장난감 삽에서는 세모를 찾아보게 한다. 암기식으로 도형을 익히는 것이 아니라 친밀감을 느끼면서 수학 학습의 즐거움을 알 수 있다.

놀이 4. 도형 조각을 이용한 왕관 놀이

다양한 도형들을 오리고 잘라서 왕관처럼 꾸민다. 또는 노랑 세모, 노랑 네모, 노랑 세모, 노랑 네모처럼 그림 패턴으로 연결하면서 규칙성을 알게 한다. 이후 패턴을 늘리면서 난이도를 조절한다.

놀이 5. 입체도형 만들기

① 간단한 입체도형

수수깡을 도막 내서 이쑤시개를 꽂을 수 있는 크기로 만든다. 처음에는 점과 점을 이어 선을 만들고 선을 길게 이어서 다양한 모양을 만드는 것부터 시작한다. 예를 들어 ㄱ ㄴ ㄷ ㅡ ㅕ 등을 만들 수 있다.

② 삼각형과 사각형 도형

다양한 경험을 한 후에 삼각형과 사각형을 만들고, 응용된 모양도 만들 수 있다.

③ 복잡한 도형

같은 크기의 선을 여러 개 붙이면서 정5각형, 정6각형, 정7각형, 정8각형 등을 만든다. 이 놀이를 통해서 도형의 이름을 깨닫게 되고 면의 수가 많아질수록 원에 가까워진다는, 특별한 수학 경험을 할 수 있다.

④ 다양한 입체도형

정사면체, 정육면체, 직육면체, 정팔면체, 4, 5, 6각기둥, 삼각뿔, 사각뿔, 오각뿔 등 다양한 입체도형을 만든다.

⑤ 작품 전시

아이들의 작품을 실에 매달아 벽에 붙인다. 도형의 이름과 아이들이 붙인 이름도 같이 붙이면, 자기 작품에 자부심을 느끼게 된다. 천장에 매달아놓은 도형들은 흔들거리는 모빌이 된다.

공간 지각력을 키우는
놀이 12가지

'공간 지각력(space perception)'은 사물의 위치, 모양, 방향을 바르게 파악하고 3차원 입체 공간을 인식하는 활동으로 깊이 감각, 거리 감각, 깊이 지각, 심도 인지, 깊이 인지력으로 3차원(3D) 세계와 물체의 거리를 인지하는 시각 능력을 말한다. 지도를 보고 방향을 잘 찾거나 평면도형을 보고 입체도형을 생각해내는 등의 능력은 공간 지각력이 뛰어나다는 것을 나타낸다. 공간 지각력은 우뇌를 활용하는 것으로, 공간 지각력을 발달시키면 사물의 형태를 머릿속으로 표상화하는 작업을 잘하게 되어 논리적 사고력을 키우게 된다. 이 능력이 떨어지면 거리, 속도, 모양, 3차원 사물, 집합, 숫자 간의 관계(보다 크다/적다, 배수 나누기, 결합하기, 순설 나열하기 등)에 관한 수학 개념을 이해하는 데 어려움이 있다.

놀이 1. 되돌아오는 공

영유아기라면 낮은 탁자를 사이에 두고 엄마와 아이가 마주 보고 앉아 예쁜 색색의 작은 공을 굴린다. 공을 굴릴 때 "데구루루" 같은 의태어를 엄마가 소리로 표현하면서 서로 주고받는다. 굴러간 공이 다시 아이 쪽으로 되돌아오면 "어머, 공이 다시 왔네. 또 굴려볼까?"라고 신기한 듯 말로 표현하며 흥미를 유도한다. 손의 조작력을 발달시키고 사물의 운동을 이해하게 된다.

놀이 2. 거울 놀이

거울 앞에 서서 아이와 함께 다양한 표정을 짓거나 여러 행동을 비춰보면서 그 모습을 그려본다. 이때 오른손을 들었는데 거울 속의 모습은 왼손임을 알려준다. 거울에 반사된 사물의 모습을 그려보게 하고, 실제의 사물과 거울에 비춰보는 것이 어떻게 다른지 이야기를 나눈다. 아이가 거울의 원리와 대칭의 개념에 대해서도 알게 된다.

놀이 3. 여행길에 지도 함께 보기

여행을 할 때는 다양한 교통수단을 이용하고, 지도를 펴 놓고 아이와 위치를 찾아본다. 지도를 볼 때는 기본적으로 동서남북을 먼저 확인하고 지금 가고 있는 장소의 위치를 찾아본다. 아이와 함께 지도를 보면서 도착지까지의 거리를 현재의 교통편으로 걸리는 시간을 어림 짐작으로 측정하면, 거리와 시간 감각을 익히는 데 도움이 된다.

놀이 4. 블록 쌓기 놀이

여러 가지 모양의 블록을 가지고 블록을 쌓아 모양을 만든다. 아이가 그 블록 모양을 관찰하게 하여 앞, 뒤, 위, 옆에서 모양을 보면 어떨지 예측해서 그림을 그리게 한다. 그림을 그린 뒤 블록의 앞모습, 뒷모습, 옆모습을 직접 살펴보면서 그림과 비교하게 한다. 그림을 그리기 위해 모양을 예측하면서 3차원 입체 지각력을 키울 수 있다.

놀이 5. 퍼즐 놀이

퍼즐을 펼쳐 놓고 모양에 맞는 퍼즐을 찾아서 끼워보게 한다. 아이가 퍼즐에 익숙해지면 그림에 이리저리 맞춰보는 횟수가 줄어들게 된다. 그림판을 없애고 퍼즐 조각만으로 그림을 맞추게 할 수도 있다.

놀이 6. 입체도형 놀이

평면적인 도형 외에 정육면체나 원뿔, 원기둥 같은 입체도형을 가지고 놀게 한다. 아이가 입체도형을 만져보고 관찰하면서 평면도형과 무엇이 다른지 생각하게 한다. 한쪽 면에서 바라보았을 때 입체도형의 전체적인 모습도 생각해보게 한다.

놀이 7. 색종이 오려서 펼치기

색종이를 여러 번 접어 오린다. 종이를 펼쳤을 때 전체적으로 어떤 모양이 나올지 생각해보고 직접 펼쳤을 때 어떤 모양이 나왔는지 비교해본다. 또한 원하는 모양을 나오게 하려면 색종이를 어떻게 접어서 오리는 것이 좋은지 생각하게 한다.

놀이 8. 공간 지각 용어 사용하기

'오른쪽에서 몇 번째', '왼쪽으로 5미터 가면', '10분 정도 오른쪽 방향으로 걸어가면' 등 문제를 낼 때 공간을 지각해야 하는 용어를 많이 사용한다. 아이가 엄마의 지시에 따라 움직이면서 공간 인식력이 길러진다.

놀이 9. 어림짐작하기

자나 저울 같은 도구는 사용하지 않고 눈이나 손으로 수와 양, 거리를 측정해본다. 눈으로 사물을 비교할 수도 있고, 신체를 사용해서 여러 가지를 측정할 수 있다. 아이들은 이러한 행동을 통해 길이, 무게, 시간 등에 대한 감각을 익힐 수 있다.

놀이 10. 장난감 위치 기억하기

위치를 잘 기억하는 아이는 공간 지각력이 뛰어난 경우가 많다. 물건의 위치를 바꿔놓고 원래 있던 자리에 놓게 한다. 또는 여러 가지 물건을 앞에 나열하고 그 순서를 바꾼 후에 아이가 맞춰보게 한다.

놀이 11. 소근육 활동 자주 하기

블록 놀이, 그림 그리기, 만들기 등의 활동은 소근육을 활발하게 움직이게 한다. 두뇌가 손으로 미세한 활동을 할 수 있도록 명령을 내려 움직이게 하는데, 소근육이 발달하는 시기에 공간 지각력 놀이를 하게 하면 발달을 더욱 촉진시킬 수 있다.

놀이 12. 동그라미 안에 넣기 놀이

나뭇가지로 바닥에 동그라미를 그리거나 훌라후프를 놓고, 동그라미 안에 작은 블록을 넣는 놀이를 한다. 던질 때는 서서 하기, 앉아서 하기, 뒤돌아서서 하기 등 다양하게 해본다. 아이에 따라 거리를 조절하고 동그라미도 점점 크기를 작게 하여 놀이를 다양하게 하도록 한다.

형태 인식력을 키우는
패턴 놀이 13가지

'형태 인식력(pattern recognition)'이란 표상화된 일부 특징만으로 그 특징의 전체 형태를 이끌어내는 활동으로, 형태의 형상과 기호의 특성을 비교함으로써 몇 개의 종류 중 하나로 분류하는 자동화 과정을 말한다. 부분과 전체를 통합하는 능력은, 복잡한 과제가 작은 단계로 나눠질 수 있으며 전체를 재창조하기 위해서는 이러한 단계가 연속적으로 뒤따라야 한다는 것을 이해하는 것이다. 이 능력은 글자, 단어, 문장과 이야기를 이해해야 하는 상황, 매일의 일상 및 주 단위의 스케줄을 관리하거나 방 침대를 정리하는 것과 같은 다양한 상황과도 관련이 있다. 이 능력이 떨어지면 나무를 보느라고 숲에서 길을 잃어버릴 수 있으며 사실상 나무가 숲의 일부라는 사실을 이해하지 못한다.

놀이 1. 바둑알 노래 부르기

엄마가 "검은 돌 옆에 흰 돌, 검은 돌 옆에 흰돌, 검은 돌 옆에는 무슨 색을 놓을까?"라고 노래를 부르면서 바둑알을 놓는다. 엄마의 행동을 관심 있게 지켜보게 한 후 아이가 스스로 참여할 때까지 기다린다. 바둑알로 여러 패턴을 만드는 동안, 아이는 점점 더 복잡한 패턴을 연구하게 된다.

놀이 2. 숫자 옆에 그 숫자만큼 바둑알 놓기

1 → ●, 3 → ●●●, 5 → ●●●●●처럼 숫자 옆에 그 숫자만큼 바둑알을 놓게 하면 간단한 숫자와 수를 익힐 수 있다. 숫자의 순서, 짝수, 검정색과 흰색의 반복으로 다양한 패턴 놀이도 할 수 있다.

놀이 3. 바둑알로 모양 만들기

일정한 수의 바둑알로 다양한 모양을 만들 수 있다. 예를 들어 바둑알 5개로 여러 가지 패턴을 만들어보고, 바둑알을 6, 7개로 늘리면서 더욱 여러 가지 모양을 만들 수 있다.

놀이 4. 스탬프 놀이

찍어서 모양이 나올 수 있는 것은 무엇이든지 재료가 될 수 있다. 요구르트 뚜껑, 볼펜 뚜껑, (세모, 네모, 동그라미 모양의) 나무 블록의 밑면, 도장, 소꿉 장난감 등을 찍어보게 한다. 서로 다른 모양을 비교해보고 같은 패턴으로 일정하게 찍으면 패턴 인식력을 키우게 된다.

놀이 5. 신체 놀이

손이나 발 등 아이의 신체를 이용해본다. 엄마 손-아기 손-엄마손-아기 손, 또는 엄마 손-엄마 손-아기 손을 순서대로 놓게 하거나손바닥에 물감을 묻혀 찍어본다. 아이와 엄마가 함께 놀이하면서 자연스럽게 패턴 인식이 된다.

놀이 6. 알록달록 과자 목걸이 만들기

구멍이 있는 과자로 과자 목걸이를 만들어본다. 과자에 몇 가지 색이 있는지 우선 종류별로 찾아보고, 긴 실에 여러 가지 색을 순서에 맞게 배열한다. 노란색 과자, 초록색 과자를 순서대로 꿰면서 목걸이를 만들어보는 것이다. 아이가 좋아하는 과자를 이용해서 흥미를 유발하고 색감을 쉽게 키울 수 있다.

놀이 7. 종이 모빌 만들기

여러 가지 색종이 중에서 좋아하는 색을 골라보게 한다. 색종이를 색깔별로 분류해놓고 길게 잘라 원형으로 말아 고리를 만들고, 고리를 서로 연결하여 사슬 모양을 만든다. 여러 가지 색의 순서를 정하고 차례대로 반복하여 붙이면서 패턴 인식력을 키운다.

놀이 8. 밥상 노래 부르기

"밥 옆에 국, 밥 옆에 국 또는 숟가락 옆에 젓가락, 숟가락 옆에 젓가락 다음 숟가락 옆에는 무엇이 올까?" 하는 식으로 밥상을 차리면서 아이에게 노래를 불러준다. 엄마의 흥겨운 노랫소리에 따라 아이는 자연스럽게 일정한 패턴을 기억하게 된다.

놀이 9. 전단지 이용하기

잡지, 각종 할인마트 광고지, 아파트 분양 광고지에는 패턴 놀이에 응용할 수 있는 여러 상품 사진이나 그림이 많다. 사진이나 그림을 오려서 모아뒀다가 다양한 패턴 놀이에 응용해본다. 아이가 사물을 볼 때 패턴을 살펴보면서 주의력과 집중력을 갖게 된다.

놀이 10. 소리 이용하기

엄마와 아이가 서로 마주보고 앉아 박수 놀이를 해본다. 엄마가 한 번 손뼉을 짝 하고 치고, 뒤따라 아이가 손을 쳐보게 한다. 번갈아가면서 한 번씩 쳐보기도 하고 '대~한 민국 박수'도 알려준다. 여러 가지 형태의 소리를 만들면서 일정한 규칙을 가진 소리를 파악하게 된다.

놀이 11. 막대기로 두드리기

막대기로 소리를 내어 사물이나 방바닥을 두드려본다. "땅 따다 땅, 땅 따 다 땅, 땅 땅땅 따~땅 땅 땅땅 따~ 땅" 등 일정한 리듬과 규칙을 가지고 두드려보고 아이에게 일정한 규칙을 익히게 한다. 소리와 리듬을 통해 일정한 규칙을 느끼게 할 수 있다.

놀이12. 주방기구 활용하기

밥그릇은 한 번 "퉁", 냄비는 두 번 "퉁퉁" 치기를 반복하면서 때려본다. 엄마의 행동을 어느 정도 보여준 후에 아이가 그다음에 나올 행동을 해보게 한다. 여러 가지 그릇이나 주방용품으로 패턴을 익힐 수 있다.

놀이 13. 다양한 크기를 나열하기

큰 동그라미 옆에 작은 동그라미를, 그 옆에 다시 큰 동그라미를 놓는다거나, 네모 옆에 세모 다시 네모와 세모를 번갈아놓으면서 크기를 이용한 도형 패턴을 만들어본다. 도형이나 크기를 통해서 일정한 규칙과 패턴을 알게 된다.

표현력을 키우는
언어 놀이 10가지

언어와 사회성 발달이 폭발적으로 이뤄지는 유아 시기에는 엄마와 대화를 끊임없이 하는 것이 아이의 언어 발달과 기억력에 도움이 된다. 아이가 "왜?"라는 질문을 하거나 상상력이 있는 이야기를 할 때도 주의 깊게 듣고 다양한 반응을 보이는 것이 효과적이다.

한편, 언어적 부분이 발달하는 시기라고 해서 그쪽 영역에만 치우치게 하면 뇌의 발달이 편중될 수 있으므로 다양한 놀이를 고루 해주는 것이 좋다.

놀이 1. 다양한 소리 내보기

아이에게 여러 종류의 소리를 들려준다. 오리가 꽥꽥거리는 소리나 경찰차가 삐옹삐옹 달리는 소리를 들려준 후에 아이에게 "오리가 어떤 소리를 내지요?" 하고 묻는다. "소는? 염소는? 강아지는?" 등으로 아이가 알고 있는 친근한 동물의 소리를 내보게 한다. 아이가 소리를 내면서 동작으로 표현하도록 한다. 이때 물체의 그림 및 모형을 보여주거나 소리를 녹음해서 들려주면 더 좋다. 여러 가지 소리를 흉내 내며 의성어를 익힐 수 있다.

놀이 2. 노래의 주인공 되기

엄마와 아이가 노래를 부르면서 가사에 맞는 동작을 한다. "생쥐가 나온다. 생쥐가 나온다. 구멍에서 고양이가 나온다. 고양이가 나온다. 부엌에서"라고 노래를 부르면 생쥐가 나올 때는 아이가, 고양이가 나올 때는 엄마가 양손으로 각각 귀를 잡고 앉은 채로 앞으로 걸어 나온다. 노래가 끝나고 고양이 역할을 하는 엄마가 "야옹" 소리를 내면 쥐 역할을 하는 아이는 얼른 도망치는 놀이다. 이런 놀이를 하면 노래 가사에 맞는 동작을 생각하게 된다.

놀이 3. '무엇이 똑같을까?' 노래하기

노래 가사를 바꿔가면서 즐기는 놀이다. 엄마와 아이가 서로 마주 앉아 '무엇이 똑같을까?' 노래를 불러본다. 노래 뒷부분의 "젓가락 두 짝이 똑같아요"라는 가사 대신에 몸의 각 부위로 바꿔서 불러본다. "무엇이 똑같을까? 예쁜 두 눈이 똑같아요"라고 부르는 것이다. 노래를 부르면서 아이에게 지시한 몸의 부위에 손을 갖다대거나 손으로 만져보게 한다. 리듬에 맞는 어휘를 선택할 수 있게 된다.

놀이 4. 물건 이름 맞추기

그릇, 컵, 수저, 인형 등의 물건을 준비한다. 아이에게 물건의 이름을 불러 찾게 하는 놀이다. "엄지 어디 있소(반복), 여기 나와 있소(반복)" 노래를 아이와 같이 불러본다. 노랫말에 '엄지' 대신 물건 이름을 넣어 놀이를 한다. 얼굴 각 부위의 이름을 익힐 때도 이 놀이를 하면 재미있다. 물건을 찾는 대신 정리할 때도 할 수 있다.

놀이 5. 크게 작게 말하기

이야기책이나 그림책을 준비해 내용에 따라 목소리의 강약을 조절하면서 한 부분의 억양을 그대로 표현한 후 따라 해보도록 한다. "누가 내 과자를 먹었지?"라든가, 아이의 흥미를 끌 수 있는 대사를 말해 본다. 아이에게 "웃으면서 큰소리로", "무서운 소리로 크게", "작은 소리로"라고 말해주기도 한다. 목소리의 강약을 조절하는 능력과 자기 표현력을 기른다.

놀이 6. 그림을 보며 이야기하기

그림책이나 아이가 좋아하는 책을 준비한다. 그림을 보여준 후에 그 그림이 무엇을 나타내는지 이야기해보도록 한다. 아이에게 남자아이가 서 있는 그림을 보여주면서 "이 애가 누구지?", "지금 무엇을 하고 있지?" 하고 질문을 한다. 그림책을 보면서 동물이나 사물, 사람들이 무엇을 하고 있는지 질문한다. 아이가 호기심을 보이는 책을 알아두면 도움이 된다. 그림을 보면서 이야기 나누는 놀이를 하면 상상력과 언어 표현력이 길러진다.

놀이 7. 손가락장갑 인형 놀이

엄마와 아이의 손에 맞는 손가락장갑을 준비해서, 장갑으로 인형을 만들어 이야기하는 놀이다. 왼손 장갑을 펴서 아랫 부분을 반으로 접어서 손목 부분을 뒤집는다. 둥글게 만들어진 장갑을 오른쪽 장갑에 끼워 인형 놀이를 한다. 아이와 부모가 한 개씩 만들어 인형이 이야기를 하는 것처럼 팔과 머리를 움직이며 놀이를 한다. 익숙해지면 왼손에도 인형을 한 개 더 만들어 양쪽에 두 개의 인형을 껴서 놀 수 있다. 이 놀이는 아이의 언어 표현 능력을 높인다.

놀이 8. 반대말 찾기 놀이

상대가 생각한 말에 대해 반대말을 찾아본다. 적절한 단어를 생각해내기 위해 방 주위를 살펴보게 한다. 예를 들어 '책은 두껍다, 얇다', '스위치를 끄다, 켜다', '어둡다, 밝다', '물에 젖다, 마르다', '옷을 벗다,

입다' 등이다. 처음에는 부모가 묻고, 다음에는 아이가 묻는다. 반대되는 단어들을 알고 풍부한 어휘력을 갖게 된다.

놀이 9. 사진 보며 말하기

아이와 함께 가족사진을 보며 가족에 대해 이야기를 나눈다. "이분은 누구일까요?", "아빠는 어디에 계시죠", "여기는 어디지요?", "OO는 무엇을 하고 있나요?" 등을 물어본다. 아이가 자라면서 여러 가지 질문을 통하여 다양하게 이야기할 수 있다.

놀이 10. 그림 카드 따라 하기

아이, 엄마, 강아지 등이 그려진 그림 카드 등을 준비한다. 아이가 이 카드 중 하나를 뽑아서 카드에 그려진 동작을 흉내 내게 한다. 놀이를 할 때는 카드의 그림에 이름을 짓는 것이 좋다. 예를 들어 강아지에게 멍멍이와 재롱이라고 이름을 붙여주는 것이 좋다. 한 장의 카드를 가지고 논 후에는 여러 장의 그림 카드를 가지고 놀 수 있다. 그림 카드를 보면서 카드에 그려진 그림을 이해하고 상상력이 발달한다.

수학적 사고력을 키우는
수학 놀이 11가지

교육 효과
- 사물의 공통적 특성을 찾아서 그 특성을 기준으로 분리하거나 묶기
- 특정한 속성 안에서 차이 정도에 따라 순서대로 배열하기
- 기초적인 수 개념을 알고 수의 크기나 양을 비교하기
- 나누기 개념과 분수 개념 익히기
- 길이, 넓이, 무게, 용량을 알아보기 및 시간, 날짜, 달, 계정의 개념 익히기
- 기본 도형을 알고 물체의 패턴이나 모양, 위치, 움직임 등 파악하기
- 일정한 규칙으로 반복되는 사물의 모양이나 양상을 통해 여러 사물의 관련 특징 찾기
- 자료를 체계적으로 조직하여 다양한 정보를 분석하거나 예측하기

아이에게 수학과의 첫 만남은 매우 중요하다. 아이가 어떤 방식으로 수학을 접하게 되느냐에 따라 수학에 대한 관심도가 결정되기 때

문이다. 수학을 가르치는 제일 좋은 방법은 호기심과 흥미를 유발하는 것이다. 아이가 어릴수록 계산 위주의 주입식 방법은 해롭다. 일상생활에서 수학과 친해질 수 있도록 다양한 방법으로 아이와 놀아주는 것이 수학을 좋아하게 하는 가장 좋은 방법이다.

수셈만이 아니라 규칙이나 패턴을 인식하고 관계를 지으면서 사고의 기본을 형성해야 한다. 수학적 경험을 풍부하게 제공하고, 식을 외워서 적용하는 것이 아니라 다양한 방법을 생각하며 깊이 있게 생각하는 훈련을 해야 한다. 패턴은 수학에서 중요한 개념이다. 패턴의 규칙을 이해하면 사물을 관계 속에서 파악할 수 있고, 다음을 예측할 수 있는 논리력과 추리력이 발전한다.

놀이 1. 숫자 박수치기

숫자 카드 1~10까지와 동그란 스티커를 넉넉하게 준비한다. 숫자 한 개를 제시한 후에 그 숫자만큼 스티커를 붙이게 한다. 붙인 숫자만큼 박수를 치면서 수와 양을 대응시키는 놀이를 해본다. 수와 양의 개념을 알 수 있다.

놀이 2. 빠진 카드 찾기

숫자 1부터 5까지의 숫자 카드를 준비해서 순서대로 나열한 후에 그중에서 한 장을 빼낸다. 아이에게 어떤 숫자가 빠졌는지 말하게 한다. 순서대로 세면서 연속적인 수 흐름을 익히게 된다.

놀이 3. 사물의 위치 찾기

여러 가지 사물과 동물의 모형을 준비한다. 일렬로 배열한 다음 아이가 10초 정도 보고 나서 눈을 감게 한다. 순서를 바꿔놓고 아이에게 달라진 곳을 찾아보게 한다. 비교와 위치의 변화를 인지할 수 있다.

놀이 4. 홀수 짝수 맞추기

홀수와 짝수를 아이에게 알려준다. 엄마가 바둑알이나 동전을 손에 숨겨서 홀수인지 짝수인지 아이에게 맞춰보게 한다. 반대로 아이가 손에 숨겨서 홀수인지 짝수인지 엄마에게 맞춰보게 한다.

놀이 5. 도형의 색깔 맞추기

세모, 네모, 동그라미를 알려준다. 도형에 색을 칠해놓고 아이에게 10초 정도 보여준다. 아이에게 어떤 색인지 물은 후에, 색이 칠해지지 않은 다른 도형에 그 색을 칠하게 한다. 이 놀이를 통해서 다양한 도형을 알 수 있다.

놀이 6. 두 가지 숫자로 분류하기

숫자 카드를 보여주고 숫자를 두 묶음으로 나누게 한다. "3은 1과 2로 나눌 수 있네"라고 말해준다. 숫자를 높이면서 분류하는 놀이를 해본다. 복수 개념과 나누기·모으기 개념을 알 수 있다.

놀이 7. 큰 수 찾기

숫자 카드를 늘어놓고 임의의 수를 뽑게 한다. 선택한 수보다 하나 더 큰 수와 작은 수를 찾아보게 한다. 숫자를 연속적으로 이해할 수 있는 숫자 노래를 불러본다. 큰 수와 작은 수, 연속 수를 알 수 있다.

놀이 8. 길이 어림해보기

아파트에 사는 아이들의 경우 현관문에서 엘리베이터까지 몇 걸음 이 될지 예상해보고 엄마가 함께 걸어본다. 걸음걸이 폭에 따라 수가 달라진다는 사실을 알게 한다. 집 안에서도 "화장실에서 내 방까지의 거리는 몇 걸음이 될까? 책꽂이에 책은 몇 권이나 꽂을 수 있을까? 식 탁 위에 그릇이 몇 개나 올라갈까?" 등의 질문을 하면서 알아보게 한 다. 생활 속에서 다양하게 어림수와 양, 길이 놀이를 해보면, 측정의 개념을 습득할 수 있다.

놀이 9. 수 어림해보기

속이 보이지 않는 주머니에 사탕을 넣어두고 아이에게 손을 넣어 원하는 만큼 꺼내도록 한다. 꺼낸 사탕이 몇 개인지 세어본 다음 해당 되는 숫자 카드를 찾게 한다.

놀이 10. 그래프 만들기

인형, 단추, 숟가락 등 생활 속의 여러 사물을 준비한다. 긴 것, 짧은 것, 큰 것 등 기준을 세운 다음 각각의 기준에 따라 분류하게 한다. 기준에 따라 사물이 몇 개씩 있는지 분류표를 만들고 아이에게 스티커를 붙여서 표시하게 한다. 사물을 도표로 표현하면서 분류와 수와 양의 대응에 대한 개념을 익힐 수 있다.

놀이 11. 사과 모양 찍기

사과를 관찰하고 아이와 함께 스케치북에 사과를 그려본다. 사과를 반으로 잘라서 쪼개진 사과 조각에 물감을 묻혀 스케치북에 찍는다. 반으로 쪼갠 사과를 한 번 더 잘라서 사과 조각 네 개에 물감을 묻혀 스케치북에 찍은 후에 비교해본다. 사과 조각을 물감으로 찍어 표현함으로써 부분과 전체 등 분수 개념을 이해하게 된다.

논리력과 분석력을
키우는 놀이 17가지

지적 활동의 핵심이라 할 수 있는 사고력은 문제를 분석하고 비교하고 처리하고 판단하는 종합 능력이다. 즉 문제 해결 능력을 말한다. 우리는 하루에도 몇 번씩 아주 사소한 선택에서부터 중요한 일까지 여러 결정을 내려야만 한다. 좌뇌와 우뇌가 고루 발달되어 있으면 가장 합리적이고 창의적인 문제를 해결하는 데 도움이 된다.

사고력이 뛰어나면 복잡한 문제도 간단하게 만들 수 있고, 재미있게 만들 수 있다. 사고력을 개발시키기 위해서는 호기심을 자극하는 것이 중요하다. 호기심은 다른 사물을 비교하면서 어떤 공통점과 차이점이 있는지를 살펴보고 미처 생각하지 못했던 것들을 생각할 수 있게 하기 때문이다. 이미 알고 있는 사물이나 사실을 정반대의 시각으로 보거나 분석하는 것도 사고력을 확장시키는 방법이 될 수 있다.

놀이 1. 어떤 집일까?

이층집, 아파트 등 여러 가지 집 그림이나 사진을 준비한다. 윤곽만 그려진 집 그림자를 보며 그림자에 맞는 그림 카드를 붙여본다. 그림 카드나 사진을 보여주면서 "이 집과 똑같은 그림자는 어디에 있을까? 그림자에 맞는 그림을 올려놓아볼까?"라고 질문해본다. 카드를 이리저리 맞춰보면서 손 조작 능력을 길러줄 뿐 아니라 모양에 대한 변별력과 대조의 개념을 이해하여 분석하는 능력을 키울 수 있다.

놀이 2. 무슨 맛일까?

음료를 몇 가지 준비해서 조금씩 맛을 보게 한다. 어떤 맛인지 이야기를 해본 후, 맛에 대한 느낌을 몸동작이나 표정으로 표현해보도록 한다. 그 후에 아이와 몇 가지 음료를 섞고, 섞인 음료의 맛을 미리 예측하게 한다. 아이는 여러 맛에 대한 경험과 느낌에 대한 표현을 익히게 되며, 맛을 통해 무슨 음료인지 생각하는 과정에서 추리력과 논리적인 판단력을 기를 수 있다.

놀이 3. 하나씩 나누기

과자나 과일을 친구나 가족들에게 공평하게 나누려면 어떻게 해야할지 생각해보도록 한다. 나눠줘야 할 사람들의 수와 과자의 개수를함께 세어보도록 하고 엄마와 함께 나눠준다. 아이들은 대부분 한 사람, 한 사람에게 하나씩 나눠주는데, 이런 판단을 내리면서 일대일 대응의 개념을 이해하게 된다. 하나씩 나눠주다가 과자나 과일이 부족하거나 남는 상황에 부딪히면 아이는 새로운 경험을 하게 된다. 이런경험이 수에 대해 깊이 이해할 수 있게 해주며 문제 해결을 위해 논리적으로 판단할 수 있는 기회가 된다.

놀이 4. 관계 유추하기

"머리에는 머리핀, 귀에는 귀걸이, 그렇다면 손에는?" 이렇듯 다양한 방법으로 앞의 예시를 듣고 관계를 파악하여 문제의 답이 무엇인지 유추하는 놀이를 한다. 제시된 사물의 관계를 파악하여 문제를 해결하는 놀이를 통해 논리적인 유추 능력을 키울 수 있다

놀이 5. 보물찾기

아이에게 주고 싶은 작은 선물을 여러 개 준비해 집 안 구석구석에숨겨놓고 아이에게 찾아보도록 한다. 힌트를 주고 숨겨진 곳을 추리

해보도록 한다. 먼저 아이가 스스로 물건을 숨기기 좋을 만한 곳을 탐색하도록 하고, 그 후에 엄마가 "아빠가 가장 많은 시간을 보내는 곳에 숨겨놓았지" 등의 힌트를 주고 추리하도록 한다. 이때 연령이 높은 아이와 놀이를 할 때는 보물지도를 만들어주고 찾게 해도 재미있다. 집 안을 둘러보는 과정에서 관찰력과 추리력, 공간 지각력 등이 개발될 것이다.

놀이 6. 케이크를 잘라보기

아이들이 좋아하는 케이크와 빵칼을 준비한다. 엄마와 함께 네 쪽으로 잘라본다. 아이가 자를 수 있도록 해본다. 아이가 십자 모양으로 자르지 않고 아무 방향으로 자를 경우 "같은 모양으로 잘라주세요"라고 해서 되도록 생각을 많이 하게 한다. 같은 크기와 조건에 맞게 합당한 문제 해결 방법을 모색하며 판단력과 추리력을 키울 수 있다.

놀이 7. 무엇이 달라졌을까?

계절에 따른 날씨 변화와 함께 주변 환경이 어떻게 변했는지 엄마와 번갈아 이야기하며 게임을 진행한다. 봄의 나무와 지금의 나무가 어떻게 달라졌는지, 우리가 입고 있는 옷이 어떻게 달라졌는지, 우리가 느끼는 온도는 어떻게 달라졌는지를 이야기한다. 아이가 느끼는 자신의 기분이나 신체의 변화에 대해서도 이야기해볼 수 있다. 주변의 변화에 대해 관찰력과 민감성을 발달시킨다.

놀이 8. 이 길로 가면 무엇이 있을까?

시장에 물건을 사러 갈 때 "이 길로 가면 무엇이 있을까?" 하고 아이에게 물어본다. 집으로 돌아가는 길에도 "이 길로 가면 무엇이 있을까?" 하고 질문한다. 한 번도 가보지 못한 길은 어떤 길과 연결되어 있을지도 생각해본다. 낯선 길을 지나며 관찰력과 공간 유추에 대한 경험을 해볼 수 있다.

놀이 9. 어느 쪽 물이 더 많은가

모양과 크기가 같은 유리컵 세 개에 같은 양의 물을 붓는다. "어느 컵의 물이 더 많은가요?", "물의 높이가 어떤가요?" 등의 질문을 하면서 물의 양을 비교할 수 있도록 한다. 모양, 크기, 컵의 높이가 다른 세 개의 컵에 같은 높이로 물을 채워본다. 똑같이 질문하면서 아이에게 컵의 모양을 고려하여 물의 양을 비교하게 한다. 이러한 활동을 통해 논리적인 판단력이 생긴다.

놀이 10. 안과 밖을 구분하기

헌 달력의 뒷장에 엄마가 개미집과 같이 꾸불꾸불한 모양의 공간을 그린 후에 공간의 안과 밖에 개미 몇 마리를 골고루 그린다. 아이에게는 작은 과자나 사탕을 주고 "개미에게 선물해주자!"라고 말해서 흥미를 유도한다. 집 밖에 있는 개미에게 준다고 하면 아이는 공간의 밖에 사탕을 놓고, 반대로 하면 공간의 안에 있는 개미에게 줄 것이다. 안과 밖을 구별하는 개념을 심화시키고 추리력과 공간에 대한 개념이 생긴다.

놀이 11. 장난감 정리하기

아이가 장난감을 갖고 놀다가 흥미를 잃을 때나, 평소 장난감 정리를 잘 안 하는 아이와 함께할 수 있는 놀이다. 엄마는 큰 크기, 중간 크기, 작은 크기의 상자를 준비한다. "블록은 블록 친구끼리 같이 넣어주자", "자동차는 어디다 넣을까?" 등으로 흥미 있게 질문을 하면 엄마와의 상호작용을 통해 아이는 분류 기준에 따라 장난감을 정리할 수 있다. 어질러놓은 물건을 잘 정리한다는 것은 가정교육에서 대단히 중요한 부분이다. 또한 정리한다는 작업에는 집합, 관찰, 판단 등의 지적 능력이 필요하다. 이러한 경험을 통해 기본 생활 습관과 합리적인 구성력도 길러질 수 있다.

놀이 12. 왜 그럴까?

아이가 당연히 받아들였던 사실들의 원인과 결과에 대해 이야기하는 놀이다. 포크를 보며 "포크는 왜 뾰족뾰족할까?"라는 질문을 던져 아이의 생각을 묻는다. "신발은 왜 신어야 할까?", "접시는 왜 평평하지 않고 오목한 걸까?" 등등 아이들이 조금만 생각하면 답을 얻을 수 있는 질문부터 시작한다. 생각 없이 지나친 일상의 현상이나 사물의 원인을 파악해보고 더 좋은 대안을 생각해볼 수 있다.

놀이 13. 신기한 색깔 놀이

분무기 세 개에 3가지의 원색 물감을 타서 놓는다. 화장실에 전지를 붙이거나 방바닥에 비닐을 붙인 후 그 위에 전지를 붙인다. 3원색의 비가 내리도록 분무기를 뿌려 색이 혼합되었을 때 어떤 색이 되었는지 알아보는 놀이를 한다. 또한 다른 종이로 나비나 꽃 등을 오린 후 전지 위에 올려놓고 분무기로 물을 뿌린다. 그냥 보면 색으로 뒤덮여서 아무것도 보이지 않지만 꽃과 나비 종이를 걷어내면 그 자리에만 물감이 뿌려지지 않아 모양이 나타난다. 이렇게 놀이를 통해 색을 경험하면 농도에 따라 색이 달라진다는 것을 터득할 수 있고 형태 변별력과 원인 및 결과의 분석력도 키울 수 있다.

놀이 14. 물에 녹이기

밀가루, 설탕, 전분, 커피, 색연필 가루 등을 일정한 양으로 준비한 후 동일한 조건하에 일정한 양의 물에 섞어서 다양한 가루들이 각각 어떠한 변화를 일으키는지 관찰한다. 성질에 따라 녹는 것과 녹지 않는 것을 관찰하는 놀이를 통해 탐구력을 키울 수 있다.

놀이 15. 싹둑싹둑 가위 놀이

밀가루 반죽, 점토, 식빵, 종이, 솜, 풀잎, 빨대 등 가위로 자를 수 있는 다양한 물건을 준비한다. 아이들은 가위로 종이를 자르는 것에 익숙하지만 다른 것들을 자를 때의 느낌을 알지 못하므로, 다양한 사물을 마음껏 오려보고 그것을 이용하여 전지나 도화지에 꾸며 멋진 세상을 만들어보게 한다. 다양한 사물을 잘라보면서 소근육과 함께 따라 잘리는 모양과 느낌이 다르다는 것을 파악하며 형태 인식력과 민감성을 발달시킨다.

놀이 16. 자석 놀이

자석을 준비하여 아이가 들고 다니면서 붙는 것과 붙지 않는 것을 파악하는 놀이다. 아이에게 자석에는 철을 잡아당기는 성질이 있다는 것을 이야기한 후에 집에서 철로 된 물건이 무엇이 있는지 찾아보는 놀이를 하자고 제안한다. 알루미늄 깡통의 옆면은 자석에 붙지 않지만 따개 부분은 붙는 것도 판단할 수 있다. 자석을 이용하여 철로 된 사물을 찾는 활동을 통해 생활에서 과학적 상식을 인지할 수 있다.

놀이 17. 분수 만들기

페트병에 위부터 아래까지 골고루 송곳으로 구멍을 내어 준비한다. 아이와 함께 목욕을 할 때 물속에 페트병이 잠길 때까지 넣었다가 들어올리면 구멍에서 물이 나오는데 수압에 의해 아래 부분의 구멍의 물줄기가 멀리 나간다. 엄마가 먼저 이야기해주지 말고 아이가 관찰할 수 있게 한다. 똑같이 뚫은 구멍에서도 수압에 의해 물줄기의 길이가 다른 상황을 관찰하면서 관찰력과 탐구력, 과학적 호기심을 키울 수 있다.

- 김남현, 김철중, 《IQ 페스티벌 멘사 아이큐 테스트 – 실전편》, 미리ON, 2009
- 김현정, 《똑똑한 모험생 양육법》, 스마트북스, 2010
- 머나 B. 슈어, 《아이의 관계지능은 10살 전에 결정된다》, 삼진기획, 2004
- 멜 레빈, 《아이의 뇌를 읽으면 아이의 미래가 열린다》, 소소, 2003
- 미야모토 데쓰야, 《수학두뇌 트레이닝》, 삼성출판사, 2007
- 안진훈, 《아이머리 바꿔야 성적이 오른다》, 예담, 2006
- EBS제작팀, 《아이의 사생활》, 지식채널, 2009

비비엘 스쿨(Brain based learning school) 소개

비비엘 스쿨(구 한국전뇌개발연구소)은 1992년, 교육개발원의 선임 연구원이었던 고 고영희 박사에 의하여 설립되었다.

프로그램의 목적

두뇌의 전체적인 고른 발달로 잠재력을 최대한 사용할 수 있도록 하며 학습자 개인마다 다른 좌, 우뇌 중에서 인지 과정이 약한 쪽의 기능을 강화하고 훈련시키는 치료적인 프로그램을 개발하여 지도하고 학생 개개인의 인지 양식에 적절한 눈높이로 수업하며 주의집중력과 근성을 만들어 성취감에 의한 긍정적인 자아상을 확립하는 데 있다.

프로그램 영역

우뇌 7대 영역인 심상력, 연상력, 직관력, 감각력, 도형인식력, 공간지각력, 형태인식력과 좌뇌 4대 영역인 언어력, 수리력, 분석력, 추론 사고력

과정

뇌의 발달 적기에 맞춰 4세부터 초등학교 고학년까지 능력별로 적용되며 매 차시 교구와 활동지가 같이 사용된다. 좌, 우뇌의 통합적인 구성이 원칙이며 학생 주도적인 수업 과정과 스스로 탐구하고 사고할 수 있는 자유로운 토론 형식의 수업 방식으로 진행된다.

전뇌계발 학습을 통해 발달하는 능력

1. 우뇌 학습을 통해 아이들은 7가지의 학습능력을 키울 수 있다.
2. 논리적이며 비판적인 사고력이 발달한다.
3. 창의적인 문제해결력을 키운다.
4. 집중력과 과제인내력이 향상된다.
5. 잠재력이 계발된다.
6. 긍정적인 자아를 갖게 된다.

2022년이 되면 비비엘 스쿨(한국전뇌계발 연구소)이 설립된 지 30년이다. 암기와 주입식 교육이 대부분인 우리나라에서 바로 결과가 안 나타나는 두뇌와 학습의 잠재력을 주창하며 100% 입소문으로 뚜벅이처럼 걸어온 연구소가 존재할 수 있었던 것은 프로그램 실시 후 보여주었던 효과 검증이 있었기 때문이다.

프로그램 실시 후 지능 향상의 효과나 집중력, 과제 집착력, 학습 동기 등 아동들의 태도 변화에 대한 효과는 2005년 저자의 영재학 석사논문인 '전뇌 계발 교육 프로그램의 개발 및 초등학교 영재 학생들의 지능에 미치는 효과'에서도 확실히 검증되었으며, 28년 동안 연구소의 임상 기간 동안 배출된 수많은 영재 아동들과 비언어성 학습장애우들의 행동발달 변화와 인지적 향상 사례에서도 찾아볼 수 있다.

비비엘 스쿨 지정 연구실

본원 일산 031-907-1442
분당 031-718-2990 천안 070-4106-3362
인천 032-831-2252 사당 02-597-5970

상황별 대처 방법 7가지 수록

세상 쉬운 우리 아이 성교육

이석원 지음 | 13,800원

**아이의 거침없는 질문에 난감한 부모들을 위한
난생처음 내 아이 성교육하는 법!**

5,000회 이상 20만 명에게 성교육을 강의한 차세대 성교육 멘토인 저자가 엄마인 여자는 절대 모르는 아들 성교육하는 법을, 남자인 아빠는 절대 상상할 수 없는 딸 성교육하는 법을 하나부터 열까지 친절하게 설명한다. 아들의 몽정과 자위를 엄마가 알고 딸의 생리를 아빠가 알게 된다면 저녁 식탁에서 가족들이 자연스럽게 성관계와 성평등, 아이들의 성문화까지 이야기하는 분위기를 이어갈 수 있다. 저자는 성교육의 필연성을 주장하는 데 그치지 않고 신뢰할 만한 근거와 통계를 담아 최신 트렌드를 반영한 성교육의 실전을 들려준다. 유아부터 십대까지 한 권으로 끝낼 수 있는 부모 성교육 교과서라 할 만하다.

체크 리스트 및 대화법과 코칭 스킬 수록

아이가 달라지는 엄마의 말

도미향 지음 | 14,500원

**아이의 속마음을 읽고 감정을 다스리는
최고의 코칭 대화법**

두 아이를 코칭으로 키우며 18년간 부모 코칭 전문가로 활동한 저자가 부모와 아이 모두 행복해지는 소통의 방법을 제시한다. 저자가 강조하는 해법은 바로 성찰과 코칭의 대화를 실천하는 부모다. 이 책은 아이를 가르치기보다 이끌고, 아이에게 말하기보다 들으며, 간섭하기보다 자율성을 주는 올바른 부모 코칭 대화법을 사례별로 알려준다. 저자가 알려주는 대화법을 따라 하면 성공하는 자녀, 자기 삶을 주도적으로 살아가는 자녀로 키우는 데 큰 도움이 될 것이다.

슬기로운 부모 수업

구은미 지음 | 14,000원

'당신은 부모인가, 양육자인가?'
부모가 바뀌어야 아이의 인생이 달라진다!

오랫동안 부모 교육 강사로 활동하며 엄마 선생님으로 불리는 저자가 내 아이를 잘 키우고 싶은 3040 부모들에게 필요한 자녀교육법을 알려준다. 저자는 바쁘다는 이유로 아이와 같이 시간을 보내지 못했던 부모들에게 아이의 인생에 기적을 일으키는 방법은 아이와 함께 의미 있는 시간을 보내는 것이라고 말한다. 또한 아이를 부모의 틀에 맞춰 키울 것이 아니라 아이가 잘하고 즐기는 것은 무엇인지 찾아내 키워주어야 한다고 조언한다. 초등학생부터 사춘기 자녀를 둔 부모들의 양육 고민을 해결해주는 책이다.

아이의 가능성을 키우고 싶은 부모를 위한 코칭 30

엄마 자격증

진이주 지음 | 13,800원

공감 대화법부터 칭찬법, 문제 행동 대처법까지
현실 육아 지침 28!

'어떻게 하면 내 아이에게 더 나은 엄마가 될 수 있을까?' 육아가 서툰 초보 엄마들을 위해 내 아이를 주도적이고 자존감 높은 사람으로 키우는 법을 알려주는 책! 부모가 되는 데 자격증이 필요하다고 하면 의아해할 수 있으나 유대인들은 아이를 낳기 전 부모가 되는 공부를 한다. 부모로서 올바른 가치관, 부모의 역할이 무엇인지 미리 학습하는 것이다. 이 책은 육아가 서툰 엄마들에[게 20여 년간 가족 상담 전문가로 활동해온 저자가 아이와 마음으로 대화 나누는 법, 관계를 좋게 만드는 칭찬법, 문제 행동 대처법까지 현실적인 육아 지침을 이야기한다.

미래를 준비하는 현명한 부모의 필독서